中国新贡献

项久雨　著

人民出版社

目 录

引　言

2017 年 10 月 18 日，党的十九大正式开幕。习近平代表中国共产党第十八届中央委员会向十九大做主题报告。习总书记雄浑洪亮的声音在人民大会堂内回荡，铿锵有力的话语传遍了祖国的山山水水。

十九大提出中国特色社会主义进入新时代的论断，新时代中国特色社会主义思想的提出，分两步走全面建设社会主义现代化国家新目标的明确，不仅鼓舞着全体中国人民的信心，也激荡着整个世界。

This is a conference standing in front of the map of the world. （这是一次"站在世界地图前"召开的大会。）英国广播公司（BBC）如此评价中国共产党第十九次全国代表大会的召开。

The next 5 years, the development of Chinese road will remain to have a significant impact on the global market and economy, Chinese opening economic, the development of financial market and growing national wealth, which causes to integrate China with the rest of the world in an unprecedented degree, The global economic growth, employment and financial markets will be affected by China. （美国《华尔街日报》认为，未来 5 年，中国的发展道路仍将对全球市场和经济产生重大影响，中国经济的开放、金融市场的发展和国民日益增长的财富，令中国以前所未有的程度与世界其他地区相融合，全球经济增长、就业、金融市场都将受到中国影响。）

日益走近世界舞台中央的中国，坚定中国特色社会主义道路，愿意向世界提供中国智慧和中国方案，显示着更强大的中国力量和更自信的中国话语，带给国际社会更加充足的正能量，十九大擘画的蓝图，让海外人士更加看好中国未来，他们相信，走在新时代中国特色社会主义道路上的中国共产党和中国人民，必将为人类作出新的更大的贡献。[①]

党的十九大报告指出，党的十八大以来的五年，是党和国家发展进程中极不平凡的五年。[②] 面对世界经济复苏乏力、局部冲突和动荡频发、全球性问题加剧的外部环境，面对我国经济发展进入新常态等一系列深刻变化，我们坚持稳中求进的工作总基调，迎难而上，开拓进取，取得了改革开放和社会主义现代化建设的历史性成就。

五年来，我们党以强烈的责任担当和巨大的变革勇气，提出一系列新理念新思想新战略，出台一系列的重大方针政策，推进一系列重大工作，解决了许多长期没有解决的问题，办成了许多过去没有办成的大事，推动党和国家事业发生历史性变革。

从十八大以来的五年里，全面深化改革持续推进，由习近平亲自担任中央全面深化改革领导小组组长，1500 多项改革举措梯次展开，司法体制改革、户籍制度改革、互联网法院改革、财税金融改革以及公立医院改革，一系列多年广受期待却始终难以推行的改革相继启动并取得重大成果，中国改革向深水区昂然挺进。

从十八大以来的五年里，中国脱贫攻坚战取得决定性进展，6000多万贫困人口稳定脱贫，贫困发生率从 10.2% 下降到 4% 以下，中国

---

① 孙阳:《为人类作出新的更大的贡献——十九大的世界意义》，新华网，2017 年 10 月 24 日。

② 习近平:《决胜全面建成小康社会　夺取新时代中国特色社会主义伟大胜利——在中国共产党第十九次全国代表大会上的讲话》，《人民日报》2017 年 10 月 28 日。

创造了整个世界脱贫减贫历史上的奇迹。前不久，乌拉圭执政党"广泛战线"主席哈维尔·米兰达专程到云南怒江了解中国脱贫经验。考察之后他深有感触地说，中共的责任感和行动力为世界脱贫事业树立了典范。①

塔吉克斯坦人民民主党主席、总统拉赫蒙在发来的贺电中提到："中国在各领域取得令人瞩目的成就以及国际威望的提升，首先归功于中国共产党的领导。"塔吉克斯坦总统的这一观点，与许多国家政党的论断都不谋而合。

"大会所制定的纲领方针将为中国的未来发展指明方向。在习近平的坚强英明领导下，中国的未来一定会更加光明。"新加坡人民行动党秘书长、政府总理李显龙在贺函中表示，中国发展道路激荡世界，十九大是中国共产党和中国发展历程中的一个重要里程碑。

世界从未像今天这样渴望发展道路和治理方式的迭代创新，而中国道路的探索和成就，恰当其时地激荡起世界新的思考。

经过中国共产党人近百年的探索与努力，中国发展进入到了新的历史时期，为世界作出越来越大的贡献，一个强大起来的中国，为世界发展开辟出一条全新的道路。

正如习近平总书记在十九大报告中指出，中国特色社会主义进入新时代，意味着科学社会主义在 21 世纪的中国焕发出强大的生机活力，在世界上高高举起了中国特色社会主义伟大旗帜。②

在很长时间里，不少西方学者认为，只有西方道路才能使国家走向

---

① 刘少华：《十九大：深刻影响世界——解码十九大》，《人民日报》（海外版）2017年 10 月 23 日

② 习近平：《决胜全面建成小康社会　夺取新时代中国特色社会主义伟大胜利——在中国共产党第十九次全国代表大会上的讲话》，《人民日报》2017 年 10 月 28 日。

现代化。中国特色社会主义道路的成功，让西方学者的"历史终结论"不攻自破，也为世界其他发展中国家提供了一条区别于西方资本主义的发展道路。

中国道路同时也为世界上那些渴望追求美好幸福生活的国家和民族，为世界上那些希望在本国实现成功的社会主义政党，给世界上那些既希望加快发展又希望保持自身独立性的国家和民族提供了全新的选择。

中国的发展经验也启示世界上其他发展中国家应结合本国国情寻找适合自己的发展道路，不能对其他国家的发展模式直接生搬硬套，不符合国情的发展道路即使在其他国家取得再大的成功也难以推动本国取得长远的发展。泰国副总理威沙努在接受媒体采访时谈到："中国是一个开放的社会主义国家，我们要关注中国，因为我们与中国是互相信赖的贸易对象和伙伴，泰国将从'中国特色'中得到启示和利益。"[1]

党的十九大的召开，不仅对于推动中国特色社会主义现代化建设具有重大意义，而且提出要为人类的进步事业奋斗，为人类作出更大贡献。委内瑞拉发展和新兴经济高级研究中心主任安德烈娜·塔拉松说，中国正以越来越自信的姿态参与到国际事务中，积极贡献中国方案，成为推动全球化、维护世界和平与世界格局多极化的重要力量。

经过长期努力，中国特色社会主义进入了新时代，这是中国发展新的历史方位，意味着近代以来久经磨难的中华民族迎来了从"站起来""富起来"到"强起来"的伟大飞跃，迎来了实现中华民族伟大复兴的光明前景；意味着科学社会主义在 21 世纪的中国焕发出强大生机

---

① 王国安：《泰国副总理威萨努：中共十九大报告"四个新"值得关注》，中国新闻网，2017 年 10 月 25 日。

活力，在世界上高高举起了中国特色社会主义伟大旗帜；意味着中国特色社会主义道路、理论、制度、文化不断发展，拓展了发展中国家走向现代化的途径，给世界上那些既希望加快发展又希望保持自身独立性的国家和民族提供了全新选择，为解决人类问题贡献了中国智慧和中国方案。

十九大报告深刻回答了中国和世界共同面临的诸多重大理论和实践问题，为全球治理贡献了中国智慧。为开拓全球经济发展新格局，十九大报告提出要同舟共济，打破贸易保护主义和贸易壁垒，促进贸易和投资自由化便利化，推动经济全球化朝着更加开放包容、公平公正的方向发展；面对当前世界安全领域的挑战，报告提出要坚持以对话解决争端、以协商化解分歧，习近平总书记在十九大报告中说："中国将高举和平、发展、合作、共赢的旗帜，恪守维护世界和平、促进共同发展的外交政策宗旨，坚定不移在和平共处五项原则基础上发展同各国的友好发展，推动建设相互尊重、公平正义、合作共赢的新型国际关系。"[1] 倡导国际社会建立"对话而不对抗，结伴而不结盟"的国与国交往新路，努力构建和谐友好的国际秩序。

十九大召开之际，《习近平谈治国理政》已在全世界 160 多个国家和地区发行 600 万册，引发了一系列的阅读热潮。党的十九大最重大的理论成就，就是把习近平新时代中国特色社会主义思想写在党的旗帜上，确立为党长期坚持的指导思想，完成了马克思主义中国化的第三次历史性飞跃，实现了党的指导思想的又一次与时俱进，不仅为中国全面建成小康社会提供了理论指导，而且对于马克思主义理论的完善与发

---

[1]　习近平:《决胜全面建成小康社会　夺取新时代中国特色社会主义伟大胜利——在中国共产党第十九次全国代表大会上的讲话》,《人民日报》2017 年 10 月 28 日。

展，为发展中国家提供独立自主发展的经验指导具有重要意义。①

新的征程已经开始，在习近平新时代中国特色社会主义思想的指导之下，沿着中国特色社会主义道路向前迈进，正当其时。中华民族在共同创造着历史，整个世界都在期待着我们的未来。

① 李洪峰：《党的十九大最重大的理论成就——深入学习贯彻习近平中国特色社会主义思想》，《人民日报》2017 年 10 月 31 日。

第一章

中国精神点亮世界

萌生孕育于中华古老文明传统的中国精神，积蕴于现代中华民族建设富强民主文明和谐美丽的社会主义现代化强国，和致力于中华民族伟大复兴中国梦的历程，伴随着中国改革开放以后中国经济社会的持续发展，综合国力不断提升中所形成的精神价值、精神品质和精神风貌，是中国文化软实力的重要显示和中国模式精神内涵的集中反映。中国精神是中华优秀传统与时代精神的有机结合，体现着社会主义核心价值体系和社会主义核心价值观的内在要求，是中国建设社会主义现代化国家的重要精神源泉，是实现中华民族伟大复兴中国梦的精神依托，是凝心聚力的兴国之魂和强国之魂。

习近平指出："实现中国梦必须要弘扬中国精神。这就是以爱国主义为核心的民族精神和以改革创新为核心的时代精神。这种精神是凝神聚力的兴国之魂，强国之魂。"[1] 历史悠久而绵延不断的中国精神被一代又一代的华夏子孙传承，每一次传承都彰显着全新的民族风貌与时代意蕴。

BBC（英国广播公司）评价中国共产党第十九次全国代表大会是一次"站在世界地图前"召开的大会，中国以全新的姿态走近世界舞台中央，带给国际社会更大的正能量，中国精神也以其深刻的价值内涵、独

---

① 习近平:《在十二届全国人民代表大会第一次会议上的讲话》,《人民日报》2013 年 3 月 18 日。

到的精神意蕴产生着越来越大的世界影响。[①]

第一节　中国精神传递民族信念感染世界

以爱国主义为核心，团结统一、爱好和平、勤劳勇敢、自强不息的民族精神是中国精神的一个重要组成部分。中国精神通过传递中华民族在长期的历史进程和文化积淀中形成的思想精髓，努力维护世界各国民族关系的和睦、积极构建和谐友好的国际关系、树立一个亲和友善负责任的大国形象，以中国为榜样激励发展中国家奋发图强。

一、中国精神维护融洽和谐的民族关系

以爱国主义为核心，团结统一、爱好和平、勤劳勇敢、自强不息的中华民族精神是维护融洽和谐的民族关系的重要精神支柱。党的十九大报告提出，要"全面贯彻党的民族政策，深化民族团结进步教育，铸牢中华民族共同体意识，加强各民族交往交流交融，促进各民族像石榴籽一样紧紧抱在一起，共同团结奋斗、共同繁荣发展"[②]。习近平在十九大报告中这一论述不仅强调了团结统一民族精神对于处理民族关系的重要意义，而且为构建和谐民族关系提供了根本遵循。

铸牢中华民族的共同体意识，是构建和谐民族关系的精神动力。中

---

① 孙阳：《为人类作出新的更大的贡献——十九大的世界意义》，新华网，2017 年 10 月 24 日。

② 习近平：《决胜全面建成小康社会　夺取新时代中国特色社会主义伟大胜利——在中国共产党第十九次全国代表大会上的讲话》，《人民日报》2017 年 10 月 28 日。

华民族共同体意识，是中华民族团结统一精神的延展，是民族团结之本，是精神力量之魂。① 我国各民族都是中华民族大家庭中平等的一员，经过漫长的民族融合，成为了中华民族不可分割的重要组成部分，形成了你中有我、我中有你的命运共同体。各族人民的命运是和中华民族的命运密切相关的，各民族的兴衰也与国家的兴衰密不可分。各民族间的关系也是影响国家发展的重要因素。加强民族团结，铸牢中华民族共同体意识，维护和谐融洽的民族关系也是推动社会发展的重要途径。

铸牢中华民族共同体意识，要从经济层面、法治层面、文化层面以及心理层面等入手。从经济层面来讲，在坚定维护国家统一的基础上，应该加大对少数民族以及少数民族聚居地区的支持力度，加快少数民族以及少数民族聚居地区的建设步伐，缩小少数民族地区与汉族地区的发展差距，努力使少数民族地区共享发展成果，为中华民族共同体意识和融洽和谐的民族关系奠定物质基础。从法治层面来讲，维护和谐融洽的民族关系需要深入贯彻落实民族区域自治法，保障全国各族人民的平等权利，培养全民的民主法制意识，为维护融洽和谐的民族关系奠定政治基础。从文化层面来讲，要加强各民族对伟大祖国、中华民族、中华文化以及中国特色社会主义的认同，建设各民族共有的精神家园，强化各民族之间的联系，增强中华民族的凝聚力，为维护融洽和谐的民族关系奠定文化基础。从心理层面来讲，要建立健全有效的民族心理疏导机制，通过心理疏导的方式加强各民族之间的心理融合，对少数民族合理的利益诉求要给予重视并予以解决，为中华民族共同体意识和融洽和谐民族关系的维护奠定心理基础。

维护民族团结，促进各民族共同团结奋斗、共同繁荣发展。在中华

① 束锡红、聂君：《党的十九大报告为构建和谐民族关系提供了根本遵循》，《中国民族报》2017 年 12 月 22 日。

民族五千年的历史长河中，我国各族人民共同生活在辽阔而富饶的土地上，尽管各民族在历史上曾经存在一些矛盾和冲突，但是各民族之间的交流交往，少数民族和汉族之间的融合却是从未间断的，团结友好、共同发展也始终是我国民族关系发展的主流。中国共产党一直强调各民族要团结统一，和睦相处、和谐发展才是民族工作的根本任务，通过不断加强和改进民族工作，逐渐在党的领导下，在马克思主义理论的指导下建立平等、团结、互助、和谐的社会主义民族关系。党的十九大报告再次重申"共同团结奋斗、共同繁荣发展"这一主题，成为新形势下做好民族工作的重要遵循。

维护民族团结，促进各民族共同发展，这是新时代维护融洽和谐的民族关系的重要保障，也是实现中华民族伟大复兴的唯一正确选择。只有积极维护民族团结，才能鼓舞各民族共同奋斗，努力为实现中华民族伟大复兴的中国梦凝聚更多的力量。发展是我们党执政兴国的第一要务，只有经济发展了，其他领域才能得到全面发展。虽然"西部大开发"战略以及一系列的民族政策为少数民族聚居的西部地区的经济带来了一定的发展，但区域之间、民族之间的差距在一定时间内还将继续存在，经济发展的差距是影响民族关系的重要因素。党的十八届五中全会强调，共享是中国特色主义的本质要求，必须坚持发展成果由各族人民共享，使各族群众在共建共享中享有获得感，要高度关注各族群众民生发展的问题，着力解决好反映强烈的、突出的民生问题和各族群众的切身利益问题，努力实现全体人民共同富裕、共同迈进全面小康社会的目标。只有让全国各族人民尤其是西部地区少数民族共享改革发展的成果，逐步缩小少数民族区域与汉族区域的发展差距，才能维护民族团结，形成融洽和谐的民族关系。

深化民族团结教育是维护融洽和谐民族关系的有效手段。民族工作最关键的是要维护好民族团结。民族团结的教育是贯彻落实党的国家民族理论、民族政策的根本要求，是进行社会主义现代化建设必不可少的保障。民族团结是关系到各民族自身利益、社会和谐稳定发展和国家稳定发展的伟大事业，我国是一个统一的多民族国家，民族团结对于我国经济社会发展来说起着至关重要的作用。

从 20 世纪 80 年代开始，在党和政府的支持及推动下，民族区域自治地区相继开展了民族团结教育活动，为民族团结事业发展创新了途径。例如，近些年来，宁夏回族自治区党委、政府高度重视党的民族理论、民族政策的宣传和贯彻，推动民族团结进步内容进学校、进教材、进课堂，使维护和促进民族团结进步成为社会风尚，还在全自治区开展创建民族团结示范社区（村）、民族团结进步模范单位和争当民族团结进步模范个人等活动，为"开放、富裕、和谐、美丽新宁夏"的建设奠定了坚实基础，使宁夏成为民族团结进步的示范区。2016 年，新疆率先开展"民族团结进步年"活动，将民族团结事业向更高更深层次推进。由"民族团结教育"到"民族团结进步"再到"民族团结进步教育"，我国的民族团结进步事业发展的内涵发生了很大变化。[1]

民族团结教育事业的推进方式由被动型向主动型转变，民族团结教育事业的最终目标也从以前单纯的接受教育理念，按照教育内容相关规范去做向能够深刻理解教育内容内涵，不断深入学习以提升自我转变。教育方式和教育途径也深刻地影响了民族团结教育的效果。民族团结教育不仅要面向少数民族，更要面向占全国绝大多数的汉族，使我国各族人民深刻理解民族团结教育的内容，在全社会努力营造融洽和谐的民族关系氛围。通过切实有效的民族团结教育，让民众团结、民族平等的理

<hr />

[1]　束锡红、聂君：《党的十九大报告为构建和谐民族关系提供了根本遵循》，《中国民族报》2017 年 12 月 22 日。

念深深植根于每一个人的心中，铸牢民族团结大业。

中国精神所倡导的团结统一理念以及中国共产党推动形成融洽和谐民族关系的方法，为全世界多民族国家解决国内民族问题，也为全世界民族大团结提供了理论的引领和方法的指导。

二、中国精神构建和谐友好的国际关系

和平和发展虽然仍是当今世界的主题，但恐怖主义、霸权主义与强权政治依旧危害着国际关系，国家之间、地区之间的冲突并没有完全停止。巴以冲突、印巴冲突、北朝南韩冲突不断，外交冲突甚至演变为直接的军事冲突，严重破坏了国际安全。但对于和谐社会、和平世界的向往是全人类的共同愿望，世界也迫切需要一种"和谐"的共同精神。

"和谐"观念是中国文化宝库传承给我们的精神财富。在博大精深的中华文化中，儒家文化是整个中华文化的主要代表，而其内核就是追求"和"与"协"的哲学理念。如儒家提倡的"及高明而道中庸""和实生物"、家和万事兴、君子和而不同。在注重和谐观念的中国精神指导下，中国为维护世界和平稳定，提出了"平等、互利、合作、共赢"的国家新型外交关系理念，为促进世界合作发展提出了"对话而不对抗，结伴而不结盟"的国与国交往新路以及"和谐世界"的理念。

随着中国综合国力的迅速发展以及国际地位的日益提升，中国的国际化程度也不断加深，国与国之间的关系也出现了一些新变化。一方面，国与国之间的利益共同点在迅速增加，相互依存程度加深，越来越多的国内议题、多边关系议题、地区和全球议题成为大国关系的议题；另一方面，国与国之间的矛盾竞争也在迅速增加，国际关系的战略联动性、全局敏感性、国际震荡性都令人刮目相看，战略性在大大增强。面

对中国崛起及其国际关系的变化，很多人预测大国的地缘战略冲突不可避免。如何避免崛起之后的中国与各大国之间国际关系的恶化，成为中国外交的核心问题。

党的十九大报告指出："坚定不移在和平共处五项基本原则基础上发展同各国的友好合作，推动建设相互尊重、公平正义、合作共赢的新型国际关系。"[1]将相互尊重、公平正义、合作共赢作为新型国际关系的重要内容，不仅为中国外交指明了方向，更为构建和谐友好的国际关系提供了理念。与旧的一切国际关系相比，中国倡导的国际关系内涵更加公正公平，更能维护国际秩序持续平稳发展。

首先是相互尊重，相互尊重是和谐相处、合作共赢的前提与基础。相互尊重就是强调不论国家大小、强弱、贫富，一律平等，尊重彼此的核心利益与合理关切，尊重彼此的国家主权与领土完整。在传统的国际交往中，往往是只有大国才能得到基本的尊重，而小国、弱国往往国际影响力较小，既得不到国际关系中的尊重，在国际交往中也难以得到平等的对待，甚至在政治上经济上还受到大国的压制。而中国提倡的新型国际关系，努力打破固有的格局，努力形成相互尊重的国际关系。

其次是公平正义，强调国家无论大小都要公平对待，公道处事，恪守国际法原则和国际关系准则，坚决反对把自己的意志强加于人，反对干涉别国内政，反对一切形式的以大压小，以强凌弱。[2]传统的国际关系主要被几个大国所控制，大国随意干涉其他国家内政，较小的国家在国际关系中很难得到公平对待，不公正的对待会加大国际关系中的矛盾与纠纷，矛盾的激化甚至会诱发战争。

---

① 习近平：《决胜全面建成小康社会　夺取新时代中国特色社会主义伟大胜利——在中国共产党第十九次全国代表大会上的讲话》，《人民日报》2017年10月28日。

② 赵可金：《坚持走和平发展道路的"中国方案"》，《前线》2017年第11期。

最后是合作共赢，就是强调共同发展，利益共享，中国绝不会以牺牲别国利益为代价来发展自己，我们致力于建立更加平等均衡的新型全球发展伙伴关系。传统国际关系往往是国家之间的博弈，追求以军事同盟、遏制、威胁手段维护安全，各国奉行着你死我活斗智斗勇的游戏，充满了相互的讨价还价和激烈的竞争。参与国际博弈的双方，一方的成功必然表示另一方的失败，这种相互竞争博弈的国际关系不利于国家之间的共同发展。相比之下，中国提倡的新型国际关系更强调合作共赢，通过协商对话的方式解决国际矛盾和冲突，不以牺牲第三方的利益为代价。

大国对小国要平等相待，大国之间的相处要不冲突、不对抗，相互尊重、合作共赢。各国之间有矛盾、有分歧、有争端是正常的，要倡导以对话解决争端，以协商化解分歧。互商互谅，协商对话，应该成为现代国际治理的根本方法。

中国提出的"对话而不对抗，结伴而不结盟"深刻结合当今国际社会现实，通过"和谐"外交道路传递出"以和为贵"的中国精神，倡导各国在相互尊重、不冲突、不对抗的基础上平等交流，为构建和谐友好的国际关系提供了一种新的思想观念和新的道路选择。

"和谐世界"理念是当代中国外交理论的重大成果。"和谐世界"所倡导的新秩序理念继承了中国坚持反对霸权主义和强权政治的根本宗旨，有利于国际关系向民主化方向发展。[1]"和谐世界"理念倡导国际间相互尊重、平等协商，主张严格遵守国际法律法规和国际关系准则。第一次将国际关系问题、战争与和平问题、人类的前途与命运问题等升华为理论，并形成自己的话语权和语言特色。"和谐世界"理念从整个人

---

[1] 赵可金：《坚持走和平发展道路的"中国方案"》，《前线》2017年第11期。

类的高度，从全球的视野，关注人类命运与前途，超越了单个个体、单个国家的利益，超越了人类狭隘单一的研究视野，向全世界展示具有中国特色的精神风貌。

三、中国精神树立亲和友善的大国形象

国家形象以一个国家的综合国力为基础，是在国家间的互动过程中产生的是特定国家的内部社会公众、外部国际公众依据自身的意识、道德、价值观等对该国客观现实（政治、经济、文化、地理以及所作所为等）所形成的具有较强概括性、相对稳定性的主观印象和评价。当今世界，一个国家的国际形象不仅与其经济、政治和军事力量相关，也与其传播的文化思想和精神力量息息相关。十九大传播的中国精神帮助中国树立一个全新的大国形象，外部也正以不同的视角观察、认识、接受和应对新时代的中国以及中国形象。

和谐的文明大国形象。精神文化是一个国家形象塑造的重要方面，是外来者认知该国国家形象的体验对象；它是一个国家形象的基本面容，是一个国家软实力的具体体现。重视对外战略中文化的作用，能够使中国以良好的形象出现在国际舞台上，增强中国对外政策的吸引力、说服力和影响力，使其他国家对我国采取积极支持的态度，收到事半功倍之效。

和谐中国形象是对和谐社会的审美建构，中国共产党第十六届四中全会正式提出了建构社会主义和谐社会的任务，经过十几年的发展，和谐社会正从一种美好的政治愿景变为现实。在对外文化交往中，一方面要传播我国优秀的传统文化，让世界人民领略中国文化的魅力，让世界看到中国博大精深、辉煌古老的传统文明，展示中国文明古国的形象；

另一方面也要推陈出新、与时俱进，向世界展示我国当代的文化成果，展示当代中国的文明与进步，树立中国亲和友善的大国形象。

负责的世界大国形象。强调国际责任的中国精神帮助中国树立负责的世界大国形象。近年来，随着中国综合国力的不断增长，国际地位的日益提高，国际上要求中国承担大国责任的呼声越来越大。事实上，中国一直为世界和平与发展贡献力量。在世界范围内，中国积极参与国际维和、反恐、救灾、防核扩散等行动。

作为国际体系的积极建设者，中国利用各种双边、多边场合，阐明自己的对外方针和处理国际关系的原则立场，提出了世界多极化、国际关系民主化、发展模式多样化及和谐世界的主张，倡导和实践新安全观，推动建立公正合理的国际新秩序；在应对人类共同面临的挑战上，比如气候变化、恐怖主义、流行疾病、贩毒走私问题等，中国与世界各国休戚与共，一起寻找解决之策。

中国通过大量的实际行为塑造"负责任大国形象"。1997年金融危机席卷亚洲，中国政府不惜牺牲自身经济利益来换取地区经济稳定，不仅为遭受金融风暴冲击的国家提供无附加条件的紧急援助，在大量国家通过货币贬值来推动商品出口以恢复经济的时候，中国政府坚持人民币不贬值。中国不惜牺牲自身利益来换取地区经济稳定的行为，向亚洲地区和全世界展示了中国作为负责任大国的国家形象。中国根据《联合国气候变化框架公约》提出了应对全球性问题挑战的"共同但有区别的责任"，主动承担负责任大国应该承担的国际义务，同时呼吁发达国家承担主要责任，共同努力解决困扰人类发展的难题。2007年6月，中国正式发表了《中国应对气候变化国家方案》，也是作为负责任大国——中国所颁布的第一部应对气候变化的国家方案。方案的颁布和实施都充分彰显了负责任大国的形象与态度，中国联合其他国家共同打击国际恐怖主义分子、为打击国际恐怖主义提供人力物力以及道义上的支持。

从 1990 年应联合国邀请，首次向联合国停战监督组织派出 5 名军事观察员，至今，中国先后参加 24 项联合国维和行动，累计派出 3.3 万名维和军人，是联合国 5 个常任理事国中派出维和部队最多的国家，承担的维和款项在发展中国家中也属第一。目前，2800 多名官兵正值守奋战在南苏丹、黎巴嫩、马里、刚果（金）等多个任务区，用青春和热血向世界传递着友谊，守望着和平。

亲和的开放大国形象。开放就是使中国面向世界，融入世界。总之，就是使中国成为世界大家庭中的一员，成为国际社会的一员。近四十年改革开放造就了中国的新形象，越来越多的西方国家开始接受中国的现代身份和国家形象。中国有必要进一步增大开放的强度来强化中国现代身份，在利益攸关和能力所及的范围内，尽可能多地积极参与重大国际问题的讨论与处理，尽可能广泛地加入各种国际组织和国际体制；全面地遵循国际法、维护国际道德准则，弘扬国家主权原则的同时，认识"二战"结束以来国际法和国际道德准则以及国际法和国际道德准则的变化及其趋势，尽可能使之形成中国好对话、负责任的形象，并且逐渐发展出较大的对华认同感。

进入 21 世纪以来，"中国机遇论"明显成为众多发展中国家对华关系的主旋律和最强音。但中国的发展不是独享的发展，而是与世界共享的发展。中国坚持实行互利共赢的对外开放战略，把既符合本国利益、又能促进共同发展，作为处理与各国经贸关系的基本原则。例如，东盟从发展对华关系中获得了很大的收益。20 世纪 90 年代以来，尤其是 2002 年中国—东盟贸易区建设启动以来，中国—东盟双方贸易保持快速增长势头。目前，中国已成为东盟第一大贸易伙伴，东盟也成为中国第三大贸易伙伴。

2013 年 9 月和 10 月，中国国家主席习近平分别提出建设"新丝绸之路经济带"和"21 世纪海上丝绸之路"的战略构想。它将充分依靠中国与有关国家既有的双、多边机制，借助既有的、行之有效的区域合作平台，"一带一路"旨在借用古代丝绸之路的历史符号，高举和平发展的旗帜，积极发展与沿线国家的经济合作伙伴关系，共同打造政治互信、经济融合、文化包容的利益共同体、命运共同体和责任共同体。

注重和谐的中国精神帮助中国努力构建和谐的文明大国形象，强调国际责任的中国精神完成对负责任的世界大国形象的塑造和完善，坚定改革开放时代方向的中国精神帮助中国构筑亲和的开放大国形象，倡导互利共赢的中国精神将中国塑造成为一个互利的经济大国形象。

不论是和谐文明的大国形象还是亲和开放的大国形象，我们都可以看到这些大国形象背后所蕴含的精神——一个国家的国际形象的塑造，和这个国家的精神文化是密不可分的，而正是中国精神为中国塑造了和谐文明、注重责任、亲和开放、互利共赢的大国形象。

四、中国精神激励奋发图强的大国梦想

勤劳勇敢与自强不息一直是中国精神的重要组成部分，也是中华民族传统美德的重要维度之一。自强不息出自《周易》中的"天行健，君子以自强不息；地势坤，君子以厚德载物。"自强不息的中国精神支撑起民族的繁荣，推动中华文明前进的脚步，让中华民族屹立于世界民族之林。

中国用短短几十年的时间就从一个贫穷落后的农业国发展为世界第二大经济体，不仅因为中国具有优越的社会主义经济制度，而且因为中国人民具有自强不息的奋斗精神。中国的励志成长故事成为广大渴求发

展的发展中国家的典范。自强不息的中国精神更激励着广大发展中国家为他们的大国梦想而奋斗。

　　这些渴求发展的国家与中国有着相似的经历，他们和中国一样都曾经有过沦为殖民地半殖民地国家的惨痛经历，都在殖民统治时期遭到了原料掠夺和商品倾销，殖民者的所作所为严重制约了经济社会的发展，这些国家和民族后来通过自身的努力或者在其他独立国家的帮助之下获得了国家的独立和民族的解放，但却在新一轮的全球化浪潮中沦为"中低端生产工厂"。在由西方资本主义国家所制定的全球化规则中，发展中国家往往处于整个生产链的最底端，这些国家的劳动者往往身处在最简陋的工作环境中，从事着最繁重的劳动，却拿着最低廉的薪水，处在整个生产链的最下游，每天都在不停地工作，却仍然无法供给家庭最基本的开支。而这些发展中国家只能在发展中低端生产业以及资源的直接出口中以牺牲本国资源环境的代价获得微薄的利润。当年，中国面临着与这些发展中国家同样的发展瓶颈，但全国上下万众一心，同心协力，努力调整经济结构，实施创新驱动发展战略，以创新引领发展，发展高端产业，减少中低端生产业的比重，拓宽国内国外两种市场，增加中国企业的收益，从而增加中国工人的基本待遇。

　　中国为众多渴求发展的发展中国家树立了榜样，同时也向他们昭示了自强不息的中国精神对于实现中国发展的巨大推动力，从而激励发展中国家奋发图强，努力实现自己的大国梦想。

第二节　中国精神唱响时代旋律启迪世界

　　以改革创新为核心，与时俱进、解放思想、实事求是、崇尚科学的时代精神是中国精神的一个重要组成部分。习近平在十九大报告中强调："创新是引领发展的第一动力，是建设现代化经济体系战略的支撑。要瞄准世界科技前沿，强化基础研究，实现前瞻性基础研究、引领性原创成果重大突破。"

一、中国精神引领科技飞跃的全球浪潮

自新中国成立以来，中国的科学技术迎来了突飞猛进的发展，究其原因在于中国人民崇尚科学的精神，中国从一穷二白的科技基础上得到了飞跃式的发展。1964 年，我国第一颗原子弹爆炸成功；1967 年我国第一颗氢弹爆炸成功；20 世纪 90 年代我国建成了大亚湾核电站。从 20 世纪 70 年代开始，我国多次成功发射了多种性能的人造地球卫星。2003 年 10 月 15 日，神舟五号飞船发射成功将杨利伟顺利送上太空并安全返回，我国成为世界上第三个有能力把宇航员送入太空的国家。在十八大以来的五年里，我国在创新型国家建设上取得了重大的成就，天宫、蛟龙、天眼、悟空、墨子、大飞机等重大科技成果相继问世。

崇尚科学的中国精神激励着一代又一代中国科技工作者创造出更先进、更卓越的科技成果，同时崇尚科学的中国精神会通过大众传媒以及新媒体等方式输出到全世界，激励全世界各国科技工作者共同分享科研成果，共同推动科学技术的进步与发展。

中国也正由中国制造勇敢地迈向了中国创造，改变了过去生产低端产品的发展局面，努力发展拥有自主知识产权的高新技术产业，增强了自主创造能力，努力在科技发展中追赶发达国家，同时也为其他发展中国家树立了榜样，激励其他发展中国家注重培养本国创新能力，培养创新人才，推动全世界范围内科学技术的突飞猛进。

二、中国精神助推创新发展的时代强音

创新是一个民族进步的灵魂，是一个国家兴旺发达的不竭动力，也是中国精神最重要的组成部分之一。无论是在推进改革中强调"把科技创新摆在国家战略发展全局的核心位置"，还是在经济转型中提出"科技发展的方向就是创新、创新、再创新"，在习近平新时代中国特色社会主义思想中，"创新"始终占据着重要位置。

面对国内外复杂的环境和艰巨的发展任务，今天的中国比以往任何时候都更加重视创新驱动。无论是稳中求进推动转型发展，还是守护环境建设"美丽中国"；无论是完善制度提升治理力，还是激发活力构筑文化强国，都需要谨记习近平同志的殷殷寄语："迎接挑战，最根本的是改革创新，都需要最大限度地支持创新，让全社会的创新活力充分释放，让各行各业创新人才竞相涌现。"

中国的科技创新与发展已经向世界昭示：科技创新对于一个国家发展来说具有重要意义，中国精神中的创新精神助推着整个时代创新的发展，也推动整个世界创新科技的发展。

三、中国精神倡导开放包容的世界文明

2017年5月14日，习近平在"一带一路"国际合作高峰论坛开幕式上发表主题演讲，在演讲中，习近平强调"和平合作、开放包容、互学互鉴、互利共赢"为核心的丝路精神，是人类文明的宝贵遗产。习近平指出，"历史告诉我们：文明在开放中发展，民族在融合中共存。"[1]

---

① 习近平：《携手推进"一带一路"建设》，中国新闻网，2017年5月14日。

文化的开放和包容可以让世界文明变得更加丰富多彩。文化的开放是指解除文化之间相互沟通交流的限制，不搞封闭，不设门槛，从而为不同文化之间的交流创造更多的机会，文化的包容是指不同文化之间以平等包容的心态平等交流，在追求本国利益的同时，兼顾各国合理关切，寻求中国与世界其他国家合作的最大公约数，通过合作促进共同发展，相互学习，兼收并蓄。

文化是一个生命体，生命体是一个开放的系统。文化一方面要通过吸收外部世界的营养维系生存、不断壮大，同时也要为适应外部环境进行适当的内部调整，吐故纳新。像一个生命体面对外部世界的挑战一样，文化也是要在开放包容中成长。如果打开一张世界地图寻找不同文化发展的影响，我们不难发现，在1500年的沧桑变化中，这些文化区域基本没有改变。欧洲是基督教文化的影响区域，中东是伊斯兰教文化的影响区域，南亚是印度教和佛教文化的影响区域，东亚是儒家文化的影响区域。在1500年的历史长河中，尽管这些文化区域经历了历史的更迭，但文化色彩并没有改变。

如果在世界地图上寻找经济最为繁荣的区域——欧洲、北美和东亚。人们不难发现，在欧洲和北美，经济最繁荣的地方，有根基深厚的基督教文化传统；而在东亚，经济发展最快的地方，是儒家文化的传播发展领域。唯有以开放和包容的态度继承和发展优秀传统文化，才能带来社会的稳定和经济的繁荣，保守主义和民族虚无主义都是不利于文化健康延续发展的。

历史上的丝绸之路，既是一条贸易联通的商业之路，也是中华文化与沿线各国文化进行交流的文明之路，对推动东西方文化交流交往、促进人类文明多样性具有重要的意义。随着丝绸之路的开辟，中华文明以开放包容的态度，被沿线国家所接受和尊重，中国的文化、风俗习惯也被沿线国家学习效仿。中华文化之所以能够发扬光大，其根本原因在于中华文化所具有的包容性和开放性。

孔子曰："近者悦，远者来。"一个开放包容的文化强国，其文化必然会对他国具有强烈的吸引力，得到他国的尊重和认同。中国的"一带一路"倡议蕴含着包容开放、和谐共生的东方智慧，为各国开展文化交流和贸易来往奠定了思想基础。延续古代丝绸之路的友好合作精神，"一带一路"在新时代开启了规模宏大的国际合作，为各国深化共同发展引领了前进的方向。

因为世界文明的多样性，才有了世界的绚丽多彩。不同的文明没有高低之分，更没有优劣之别，尊重沿线各国的不同文明，尊重不同民族所独有的特性，既是"一带一路"建设的重要原则，也是不同文化之间深化交流的重要准则。在深化"一带一路"建设中更需要秉承"和而不同、互学互鉴"的理念，通过文化、艺术、旅游、学术、医疗、科技等全方位、多领域、宽层面的合作，打造出一个相互理解、相互尊重、相互包容的人文格局，推动"一带一路"宏大愿景的实现。

四、中国精神深化共同命运的世界认知

2017 年 10 月 18 日，习近平同志在十九大报告中指出，坚持和平发展道路，推动构建人类命运共同体。[①]

人类只有一个地球，各国共处一个世界，要倡导"人类命运共同体"意识。习近平就任总书记后首次会见外国人士时就表示，国际社会日益成为一个你中有我、我中有你的"命运共同体"，面对世界经济的

---

① 习近平：《决胜全面建成小康社会　夺取新时代中国特色社会主义伟大胜利——在中国共产党第十九次全国代表大会上的讲话》，《人民日报》2017 年 10 月 28 日。

复杂形势和全球性问题,任何国家都不可能独善其身。"命运共同体"是中国政府反复强调的关于人类社会的新理念。2011年《中国的和平发展》白皮书提出,要以"命运共同体"的新视角,寻求人类共同利益和共同价值的新内涵。

当前国际形势基本特点是世界多极化、经济全球化、文化多样化和社会信息化。粮食安全、资源短缺、气候变化、网络攻击、人口爆炸、环境污染、疾病流行、跨国犯罪等全球非传统安全问题层出不穷,对国际秩序和人类生存都构成了严峻挑战。[①]不论人们身处何国、信仰如何、是否愿意,实际上已经处在一个命运共同体中。与此同时,一种以应对人类共同挑战为目的的全球价值观已开始形成,并逐步获得国际共识。

2017年3月,第72届联合国大会一致通过把"构建人类命运共同体"写入联合国决议案。党的十八大以来,习近平多次提到"构建人类命运共同体"。人类命运共同体理念,是中国面对当前全球治理问题提出的新解决方案,也是中国精神对于推动世界人民深化共同命运认知的重大影响。

人类命运共同体是经济全球化的必然选择。美国学者戴维科顿认为,"我们并没有充分认识到,当今的世界已经陷入了严重的状况之中:全球化资本主义只关注创造金钱的能力,而世界真正的财富正在迅速地遭到破坏。"因此,"在很多方面,新的市场经济必须转变方向,即向目前全球化资本主义正在推进的相反方向转变。"[②]

回顾全球治理的历程,自由主义霸权秩序和国家中心主义一度成为全球治理的主导模式,在国家中心主义模式的主导下,人们往往只关心

---

① 曲星:《人类命运共同体的价值观基础》,《求是》2013年第4期。

② 李士坤:《论世界历史理论与全球化》,《北京大学学报》(哲学社会科学版)2001年第2期。

自己国家所面临的问题而无视其他国家的困难，在参与国际事务的过程中，永远从本国利益角度出发，甚至不惜牺牲他国利益来争取本国利益。

但是，随着全球一体化的深入推进，原来很多可以在主权国家内被清晰分割的事务，现在边界越来越模糊，一国内部问题也会影响到全球很多其他国家，所以出现了大量需要大家共同协商和协作才能解决的问题，例如核泄漏问题，人们发现传统的全球治理"国家主义"理念已经不合时宜，相互协作和合作共治成为了一种历史必然。

2008年美国次贷危机引发的金融海啸席卷全球。欧洲也陷入了债务危机，一方面，发达国家无力继续像以前一样控制世界，在解决问题的过程中，发达国家需要广大发展中国家的配合协作，实现危机的化解；另一方面，新兴经济体群体性崛起，普遍要求在全球治理规则制定上获得与其经济实力相对应的话语权，提升发展中国家全球治理的总体代表性和发言权。

只有构建人类命运共同体，才有可能化解甚至消除经济全球化的内在矛盾及其带来的各种社会危机。经济全球化的内在矛盾是资本主义矛盾的世界呈现，即社会化大生产和生产资料私人占有之间的矛盾，经济全球化与生产要素私有制和国有制之间的矛盾，以及由此带来的分配、效率公平等矛盾。这些矛盾最终导致全球经济的无序和失控。近些年出现的一系列经济问题都是矛盾深化的结果。但资本主义基本矛盾无法在资本主义的体制下解决，反而会因为资本主义的进一步发展，导致矛盾更加尖锐严重。资本主义制度本身是无法克服困难的，只有社会主义制度才是克服困难的有效途径。中国为全世界找到了一条克服困难的道路——人类命运共同体，只有构建人类命运共同体，才能使全世界人民共同克服经济全球化的内在矛盾并找到解决矛盾的途径。

构建人类命运共同体的基本遵循。习近平勾画了人类命运共同体的美好蓝图及实践路径：坚持对话协商，建设一个持久和平的世界；坚持共建共享，建设一个普遍安全的世界；坚持合作共赢，建设一个共同繁荣的世界；坚持交流互鉴，建设一个开放包容的世界；坚持绿色低碳，建设一个清洁美丽的世界。

人类命运共同体的实现并不是经济全球化自然而然的发展结果。尽管经济全球化是一个客观的历史过程，但经济全球化有两种发展趋势，以物为本的资本逻辑和以人为本的人本逻辑。我们推动人类命运共同体的建立正是要把以物为本的资本逻辑转换到以人为本的人本逻辑上来，引导经济全球化朝着更适合人类的方向发展。构建人类命运共同体，就需要有正确的基本遵循。

主权平等。主权平等是构建人类命运共同体的重要原则基础，主权平等体现了各国人民的共同利益追求。2017 年 1 月 18 日，习近平在联合国日内瓦总部发表了题为《共同构建人类命运共同体》的主题演讲，其中提到："主权平等，真谛在于国家不分大小、强弱、贫富，主权和尊严必须得到尊重，内政不容干涉，都有权自主选择社会制度和发展道路。"[1] 尊重各个国家的主权平等是推动人类命运共同体构建的重要基础。但是，在当今世界，主权不平等仍然是国际社会普遍现象，以美国为首的西方发达资本主义国家利用强大的资本力量和军事力量，对发展中国家和较落后的国家的内政进行粗暴干涉，对其主权与尊严进行肆意践踏，制造了许多矛盾。因此，我们要推动人类命运共同体中的基本原则——主权平等，推动世界各国相互尊重，以平等的对待方式，为人类命运共同体构建打下坚实基础。

---

① 习近平：《共同构建人类命运共同体》，新华网，2017 年 1 月 18 日。

和平发展。马克思曾说："资本来到这个世界，从头到脚，它的每一个毛孔，都流淌着血和肮脏。"①自从资本关系成为世界占统治地位的关系之后，资本为了完成自身的累积，不择手段，甚至采取最为极端的方式。早在资本原始积累时期，早期资本家就通过残酷的殖民掠夺甚至血腥的"三角贸易"来达到资本积累的目的。资本主义带来的并不是繁荣与和谐，而是与暴力、战争紧密联系在一起。构建人类命运共同体，要推动整个世界的和平发展而不能让资本逻辑成为人类命运的主宰。沟通协商是化解分歧的有效之策，政治谈判是解决冲突的重要途径。我们要让和平发展成为时代的主流，抑制资本逻辑使其难以成为世界的主宰。

依法办事。依法办事所依据的法就是经济全球化过程中国与国之间交流交往的行为规则、准则。在经济全球化过程中，规则是绝对不能缺少的，规则是经济全球化的基础。没有世界范围内的全球化规则，全球化很难推行下去。现有的全球化规则体系存在着很大的问题，一方面，现有的全球化规则是由西方发达的资本主义国家主导制定的，这些规则制定的原则就是为了维护资本主义国家的利益而不是以推动世界共同发展为目的；另一方面，在国际交往中，各国共同制定的共同规则有时得不到遵守和执行。很多规则在关键时刻竟然成了一纸空文，西方发达国家仍以"是否符合本国利益"为标准选择性地执行国际规则，这挫伤了国际规则的法律效力。因此，在推动人类命运共同体的建立过程中，对于已有的合理规则，我们要坚决遵守和执行；对于国际社会中不合理的规则甚至完全以西方资本主义国家利益为本的规则，必须进行合理的修改甚至是坚决的废除，规则修改的方向一定要以"维护世界和平，推动

---

① 《资本论》第 1 卷，人民出版社 2004 年版，第 267 页。

共同发展"为根本准则。

开放发展。开放发展的实质是开放性的发展。在当前世界范围内，资本主义国家的逐利性导致了各种各样的保护主义，如美国总统特朗普宣布要提高关税，英国宣布脱离欧盟，都是西方资本主义国家为了维护本国利益的保护主义行为，通过加高关税、设置贸易壁垒等方式抵制其他国家的商品售入本国市场，通过这种方式不惜牺牲他国利益来强行占据本国市场。贸易壁垒的设立会严重阻碍世界范围内各国商品的流通，甚至会引发世界经济危机。坚持开放发展，就是要坚决反对贸易保护主义，拆除世界范围内人为设置的贸易障碍和壁垒，把多边贸易体制和区域自由贸易有机结合起来，开放发展，共同发展，从而推动世界经济的共同发展。

构建人类命运共同体是在中国精神指导下向世界提出的中国方案，是中国方案对经济全球化的引导，体现了中国精神的现实担当。面对一系列的世界性危机，不能一味地用贸易保护主义或者贸易壁垒阻止全球化，而是要改变旧有的不公平的国际秩序，引导经济全球化朝着正确方向发展。

人类命运共同体就是指全球各国应该同呼吸、共患难、风雨同舟、荣辱与共，努力把我们生存的这个世界建设成为一个相互协作、互利共赢、和谐共存的世界大家庭。习近平说："世界上的事情越来越需要各国共同商量着办"。[①] 这就需要世界各国集中力量和智慧来化解全球性共同的问题和全球性挑战，这也正是全球治理所需要解决的问题，构建人类命运共同体是未来新型全球化和全球治理的核心观念。

---

① 习近平:《习近平在中共中央政治局第二十七次集体学习时强调推动全球治理体制更加公正更加合理，为我国发展和世界和平创造有利条件》，新华社，2015 年 10 月 13 日。

第三节　中国精神倡导核心价值引领世界

中国精神以马克思列宁主义、毛泽东思想、邓小平理论、"三个代表"重要思想、科学发展观、习近平新时代中国特色社会主义思想为指导，是社会主义核心价值体系的精髓，以社会主义核心价值观为核心内涵，体现了社会主义荣辱观。中国精神之所以拥有强大的生命力和持久的影响力，在于中国精神深刻的价值内涵。

一、中国精神反映人类普遍精神追求

社会主义核心价值观从初露雏形到逐渐成熟经历了一个实践检验与科学论证相统一的历史化过程。作为一个国家和民族价值体系中最重要、最本质、最具决定作用的构成部分，从某种意义上说，核心价值观的成型和系统化，消弭并影响着社会和谐稳定的各种矛盾和冲突，它起到提升全体社会公民凝聚力及向心力的作用，随着其日趋成熟，必然成为一个社会共同遵循和维护的行为准则。

恩格斯早在《社会主义从空想到科学的发展》一书中就已经揭示出人类共同价值追求与社会主义核心价值二者之间存在的"源流"关系。恩格斯认为，空想社会主义所追求的未来立项社会尽管只是一种幻想，不切合实际，但它是千百年来流传下来的人类共同愿望和要求的集大成者，是理论化了的人类共同价值理想。

从形式逻辑角度而言，作为社会意识的本质体现，核心价值观是社会制度普遍遵循的基础原则，也是一种文化区别于另一种文化的基本价值准则，自人类文明诞生以来，无论是阶级社会还是非阶级社会，其实

都有自己的成文或不成文的核心价值观，核心价值观在构建社会公共伦理道德、维护社会正常秩序方面起着不可替代的建设性作用。社会主义核心价值观最本质地体现了社会主义的价值追求。

人类共同价值追求的内在依据在于人性的通约，亦即人性中普遍的共性存在。对人类共同价值追求的争议主要集中在其不同的历史表现形态上。自由、民主等现代政治价值理念虽不是中国人首创，但民贵君轻的民本思想无不暗合了自由民主的价值追求。忠恕之道虽不是源出西方正典，但西方的人权观念却早已有之并由来已久。作为我国社会当前主流核心价值观念形态之一的"以人为本"与人类共同价值追求之一的"人权至上"同样有着异曲同工之妙。社会主义核心价值观与人类共同价值追求并不矛盾也不冲突，而是有着内在的有机统一。无论人类的过去、现在还是未来，无论人类遭遇怎样的天灾和人祸，张扬仁爱，崇尚正义，追求美好幸福生活始终是人类文明得以延续进步矢志不渝的理念。

二、中国精神内含与时俱进价值取向

中国特色社会主义核心价值观是中国精神的重要组成部分，与时俱进的中国特色社会主义核心价值精神是中国特色社会主义核心价值观活的灵魂。站在新的历史起点，着力弘扬中国特色社会主义核心价值精神激发中国人民无穷的智慧和伟大的创造。一个国家的核心价值精神是这个国家的意识形态、思想文化等精神力量的集中体现。中国特色社会主义核心价值观是以改革创新为核心的时代精神在中国社会的生动体现。

世界在变化、时代在进步，形势在动态发展。与时俱进是马克思主义理论的优秀品质，也是中国社会主义核心价值精神的内在要求。任何国家的国际影响力以及在国际社会中的话语权及其影响范围都取决于核心价值观的影响力。确立正确的核心价值观，在国际社会中才能具有吸引力和感召力。中国特色社会主义核心价值观中的与时俱进的精神需要以马克思主义为指导，需要以开放性的胸襟对待其他国家和民族的社会核心价值观。

习近平指出："一个国家的文化软实力，从根本上说，取决于其核心价值观的生命力、凝聚力、感召力。"这里的生命力指的是与时俱进的中国特色社会主义核心价值观，核心价值观的生命力就是与时俱进的核心价值精神。

三、中国精神提供自主发展经验指导

邓小平认为，中国特色社会主义道路"不但是给占世界总人口四分之三的第三世界走出了一条路，更重要的是向人类表明，社会主义是必由之路，社会主义优于资本主义。"[1]2004 年 6 月 14 日，时任联合国秘书长的安南在接受新华社记者的提问时说："中国依靠独特模式实现发展的有益经验的确值得其他国家，特别是发展中国家借鉴。"[2]联合国秘书长潘基文认为："中国是世界上经济发展最快的国家之一，在经济方面树立了良好的榜样。中国发展经验应当得到分享，值得发展中国家借鉴。"[3]厄瓜多尔基多大学政治系教授、"国际战略智库"中心主席吉

---

[1] 《邓小平文选》第三卷，人民出版社 1993 年版，第 225 页。

[2] 安南：《中国模式值得发展中国家借鉴》，http://news.sina.com. cn/o/2004-06-16/08352818704s.shtml。

[3] 王湘江：《中国经验值得发展中国家借鉴》，《人民日报（海外版）》2008 年 9 月 12 日。

多·桑布拉诺说:"中国道路一直充满活力和魅力,拉美希冀与中国共享机遇和繁荣。拉美与中国在发展进程上存在诸多共性,中国有许多优秀的发展经验值得拉美借鉴。"① 俄罗斯科学院院士季塔连科认为:"中国实现现代化、成功地解决深刻的国内国际矛盾的经验,不仅为发展中国家树立了鲜活的榜样、提供了切实可行的现代化模式,更为它们发展与中国的合作提供了广阔的平台。"② 塔里克教授说:"中国最近几十年来发展迅速,积极参与国际事务并且发挥了显著的作用,中国的发展和成功为发展中国家提供了借鉴。"③ 时任贝宁总统的索格洛说:"贝宁把中国看作是长兄,重视中国发展和改革的经验。""中国是我们的榜样,中国的经验对我们十分有用。我在学生时期就知道向中国学习,现在还要学习。"④

在当今世界 200 个国家和地区中,发达国家有 24 个,发展中国家包括亚洲、非洲、拉丁美洲及其他地区的 130 多个国家和地区,占世界陆地面积和总人口的 70% 以上。⑤ 发展中国家地域辽阔,人口众多,有广大的市场和丰富的自然资源。中国是最大的发展中国家。

发展中国家与中国有着相似的经历、共同的任务,在自身发展过程中得到了中国不附加任何政治条件的合作甚至无偿援助,因此很多发展中国家对中国都有亲切感。中国特色社会主义建设的成功也让许多发展中国家在情感上产生了共鸣。

---

① 杨迅等:《助推世界经济,践行大国责任》,《人民日报》2013 年 3 月 5 日。
② 朱可辛:《国外学者对"中国模式"的研究》,《科学社会主义》2009 年第 4 期。
③ 丁大伟等:《中国发展 世界收益》,《人民日报》2013 年 3 月 16 日。
④ 曹胜:《中国特色社会主义导论对发展中国家的借鉴意义》,《青岛科技大学学报》(社会科学版)2014 年第 3 期。
⑤ 曹胜:《中国特色社会主义导论对发展中国家的借鉴意义》,《青岛科技大学学报》(社会科学版)2014 年第 3 期。

中国认为各国都有自己的模式，世界上的问题不可能都用一个模式来解决。各国都可以找到符合本国国情的道路。邓小平曾经提醒莫桑比克的国家领导人："要紧紧抓住合乎自己的实际情况这一条。所有别人的东西都可以参考，但也只是参考。世界上的问题不可能都用一个模式解决。中国有中国自己的模式，莫桑比克也应该有莫桑比克自己的模式。"各国人民根据各自国情，选择符合本国实际情况的社会制度和发展模式，制定行之有效的法律和政策，是合情合理的。

除了东亚等少数发展中国家立足本国国情，走出了符合本国的发展道路之外，部分发展中国家制定了不符合本国国情的发展道路，早期部分发展中国家照搬苏联模式，后期照搬美国模式，虽然在经济、社会发展的表面上取得了一定的成就，但最终还是因为发展模式与国情不适应，贫富差距不断拉大，导致政局动荡不断、武装战争频仍、民族冲突频繁，因此每个国家都要根据自己的国情找到符合自己发展的道路。

中国特色社会主义道路是在独立自主基础上的开放发展道路、和平发展道路、科学发展道路，呈现出鲜明的时代特征。中国的改革是对社会主义制度的自我完善和发展，是在坚持四项基本原则基础上进行的改革，改革是一场持续的自我革命，不是一劳永逸的，也不是一蹴而就的。中国改革最开始从经济体制改革入手，首先在某些地区进行试点，然后再在全国大部分地区进行推广。世界银行中国和蒙古局局长杜大伟先生认为："中国实行的改革开放称得上是全球经济中最重要的事件，不仅推动中国从一个贫穷落后的国家一跃成为世界最大、最重要的经济体之一，更重要的是，中国的改革开放为发展中国家提供了宝贵经验。"

中国特色社会主义道路取得成功，启示国际社会尤其是广大发展中国家：各国都应立足自身寻找发展道路。给世界上那些既希望加快发展又希望保持自身独立性的国家和民族提供了全新的选择。

中国在处理改革、发展和稳定的关系上取得了丰富的经验，这种经验模式为发展中国家处理同样的关系提供了可借鉴的经验。

四、中国精神奏响伟大复兴壮丽乐章

融民族精神和时代精神于一体的中国精神，孕育于中国数千年优秀的传统文化之中，积蕴于现代中华民族实现伟大复兴的中国梦、建成富强民主文明和谐美丽的社会主义现代化强国历程之中，彰显着改革开放以来中国社会持续发展、综合国力快速崛起、国际地位逐步提高所形成的精神价值、精神品质和精神风貌，本质上是中国共产党九十多年来带领中国人民进行经济建设的精神源泉，已经成为中国文化软实力的重要构成部分。中国精神是建设中国特色社会主义的伟大引擎，是中国崛起和实现中国梦的精神支撑，对于坚持中国道路、凝聚中国力量具有重要意义。

中国精神是中华民族最宝贵的精神财富。中国历来是一个重视精神、崇尚精神，以精神创立国家并在精神的引导下创造伟业的国家。中国是世界历史上发育较早的文明古国，而且也是一脉相承、从未断绝、绵延至今的文明古国。中国在历史上之所以没有发生过大的文明断裂而且不断从衰败到复兴，从复兴到衰败，根本原因在于中国内在的精神文化品质。

在改革开放新时期发展起来的中国精神以数千年来的传统精神为根基，承接一百多年的近代图强和革命精神，以及新中国成立后几十年的社会主义建设精神，内涵丰富，与时俱进，是中华民族最宝贵的精神财富。中国共产党不仅全面总结和发扬光大了民族精神，深刻阐释和弘扬了时代精神，而且将民族精神和时代精神有机结合起来，从整体上构建符合社会主义现代化建设所需要的中国精神。

中国精神凝聚着中华民族对世界和生命的认知及现实感受，积淀着中华民族最深层的精神追求和行为准则，是中华民族赖以生存和发展的精神支柱。中国共产党在领导中国革命、建设、改革过程中，深刻认识到了弘扬时代精神的重要价值，从而在继承中丰富了民族精神和时代精神的内涵。经由中国共产党系统总结和科学提炼的中国精神，继承了中华民族优秀传统文化，建筑起中华民族共有的精神家园，构成了中华民族最可贵的精神财富。

中国精神是社会主义文化软实力的重要构成。国家发展、民族振兴，不仅需要强大的经济力量和科技力量，更需要强大的文化力量和精神力量。纵观当今国际风云，注重文化软实力和价值观建设已成为一种世界潮流。曾任美国国防部部长助理的哈佛大学教授约瑟夫·奈于20世纪90年代提出了软实力的概念，他认为软实力是一种能与经济实力、科技实力这些"硬实力"相对应的一个概念。软实力这个概念主要包括文化吸引力、意识形态和价值观等。"软实力"是通过吸引兴趣而非强制的方法使他人满足自身意欲达到的目标的能力，是一种塑造与影响他人喜欢的能力。

凝聚着民族精神和时代精神的"中国精神"是中国力量的精神源泉。中国精神是中国文化软实力的集中表现。中国精神是维系中华民族绵延不绝的精神纽带，是凝聚民族共识、形成整体合力的精神原点，也是中华民族安身立命的精神家园。中国之所以可以创造巨大的经济成就，之所以能在金融危机冲击全球之际仍保持强大的发展能力与潜力，其内在原因在于中国人沉着应对，攻坚克难的精神。"正是金融危机使我们意识到全球经济稳定的'真北'在中国。2009年发生的信用恐慌和经济萧条在削弱西方的同时，使相对实力有所增长的中国一跃成为世界强国。"中国精神激励着中国人民形成众志成城，共克时艰的强大凝聚力，产生迎难而上、自强不息的英雄气概，铸就把握未来、锐意进取的坚定意志，推动新时代中国特色社会主义建设进入更高的水平。

中国精神是实现中国崛起的精神动能。一个国家和民族的崛起必然要有与崛起相适应的精神作为价值支撑和道义支撑。某种特别的精神赋予某种崛起或发展以特有的价值引擎和动力。如果我们把某种崛起看做是一种物质文明和经济现代化，那么这种物质文明和经济现代化必须有支撑的道德观念和意识，否则就很难得以发展。

一个伟大国家和民族的复兴必然要求精神的构筑和挺立。费希特《对德意志民族的演讲》中指出："争得胜利的既不是臂膀的强壮，也不是武器的精良，而是心灵的力量。"①在费希特看来，德意志复兴的根本是德意志民族精神的复兴。只有矗立起伟大的民族精神，建构起高尚和纯粹的道德，才能使复兴大业落到实处。一个国家的发展，不在于国库的殷实，不在于公共设施的华丽，不在于城堡的坚固，而在于国民的文明素养和精神，这才是真正的利害关系。②

中国精神铸造出中华民族伟大复兴的精神品质。中国精神既扎根民族精神深处又有着与时俱进的精神风貌，体现出一脉相承的民族传统和日新不已的时代要求，表征着中华民族"旧邦新命"的伦理特质。中华民族伟大复兴需要伟大的精神来发动、砥砺和成就，在全面建成小康社会和实现中华民族伟大复兴中国梦的征程上，中国精神像一座灯塔，引导勤劳勇敢的中国人民沿着中国特色社会主义道路，创造出更美好的未来。一个国家不能没有精神和梦想，伟大的梦想需要伟大的精神做支撑，实现中华民族伟大复兴的中国梦，是中华民族近代以来最伟大的梦

---

① 费希特:《对德意志民族的演讲》，商务印书馆2010年版，第12页。
② 王泽应:《论中国精神对民族复兴的伟大意义》，《齐鲁学刊》2014年第3期。

想。实现伟大的梦想，需要大力弘扬以爱国主义为核心的民族精神和以改革创新精神为核心的时代精神。中国精神是我们凝心聚力的兴国之魂、强国之魄。在中国精神的激励下，中国人民一定能创造出无愧于历史、无愧于时代的丰功伟绩，实现中华民族的伟大复兴。

第二章
中国价值感召世界

"实践是思想之母，时代是理论之源"。在人类浩瀚而漫长的历史书卷里，每个独立的文化集合，几乎无一例外，都能产生出与自己群体特征相关联的区别于其他群体之外的价值体系。这样独特的价值体系，从一定程度上来说，是这个文化集合的文化产品累积到一定阶段的产物，并且是这个集合对自身文化抱有信心的体现，并且说明了这个群体在一定层面上已经有将其价值观念系统输出的想法。

经历了改革开放近四十年浸润后的中国人，我们所需要思考的，不再是中国价值的归属，而是思考中国价值内部的普遍共性。之所以产生这样的思考，是因为在长期的实践中我们发现：中国独特的发展道路自身虽然暗含独特性，但同时也充满了能够共勉世界的一致性。这决定了中国价值也充满世界意义。理性地思考中国价值的生成、应用并审视同时代其他价值观念影响之下的其他国家，我们不难发现中国价值的独特之处：首先，在世界各国的价值观念起伏变化不定时，中国价值却能始终保持着对中华民族发展历史的继承和对中国发展方向的预设性思考，始终内含着创建人类文明新高度的使命担当；其次，中国价值的形成从来不是单独个体的陈列，其内在充满逻辑关系，外在通过"中国实践"呈现、通过"中国话语"表达；再次，中国价值在一定程度上不仅是中国社会在此特定转型期呈现出社会意识的有限性表达，还具有一般意义的普遍性。

第一节　为发达国家的难题解决提供价值底色

急速变化的 21 世纪，不仅仅是社会生产力迅猛发展的世纪，同时也是世界思想文化风云变幻的世纪。不难发现，整个西方世界的发展出现了困境与难题。而思考这些困境背后的原因，特别值得关注的是其社会心理层面的聚变——社会认同度与归属感的沦丧。

一、中国价值破译西方困境的根源缺陷

仅仅在 2016 年，欧洲国家发生的影响极大的恐怖袭击就多达 10 起，横跨英国、瑞典、俄罗斯、法国、比利时等国。从比利时首都布鲁塞尔的机场爆炸，到 7 月法国尼斯发生的卡车冲撞人群，重大的人员伤亡给整个欧洲社会造成了巨大的心理伤害。整个欧洲大陆已经替代了美国成为国际恐怖袭击的重点目标和高发地区。欧盟委员会 2017 年 3 月 1 日发布的题为《欧洲的未来》白皮书忧心忡忡地写道："对于我们的居民来说，欧洲一直是失序和分裂的世界上非常自由和稳定的地方。在被列为全世界最和平的 25 个国家中就有多个来自欧盟。但近年来发生的恐怖袭击已经动摇了我们的社会。"

而了解西方世界的困境对我们的借鉴意义是非常有限的，跳出其表面特征，我们更需要思考是何种原因造成了这样的结局。

西方经济发展趋于疲软。西方世界"领头羊"的地位和"发起者"的影响力日渐衰微，"东升西降"的变化趋势愈加明显。虽然美国 GDP 的全球占比仍然远高于其他国家，但是从地区来看，亚洲的优势已成定

局——占全球 GDP 的 33.84%，高于北美（27.95%）和其他地区。① 牛津经济学公司在最新发布的一份名为《世界 750 座大城市未来的机遇与市场》报告中指出，到了 2030 年，世界 50 个最大城市经济体将新增 9 座中国城市，而欧洲的 8 个城市将跌出榜单。在 10 座增长最快的城市中，有 7 座是在中国，它们是（按增长率高低排名）：上海、天津、北京、深圳、苏州、武汉和成都。② 近年来，西方战略界讨论"后西方世界"更是成为主流——"后西方世界"成为有着"安全达沃斯论坛"之称的慕尼黑国际安全会议 2017 年年会议题。发展中国家日渐对西方的国家制度、治理能力产生深刻的怀疑，盲目迷信西方的时代已成为过去。世界对以中国为代表的东方国家的好感度与日俱增，美国和中国在全球的受欢迎程度逐年接近，到 2017 年已不相上下，在西班牙、墨西哥、土耳其、澳大利亚、秘鲁和塞内加尔六个国家，对中国有好感的民众人数甚至已经超过对美国有好感的人数。③

西方政策的更改趋于失败。困囿于其自身的诸多问题，西方国家在一定程度上不再希望过多地牵扯到外部世界的矛盾中去，直接性的武装进攻势头减弱。以美国为例，其对外战略呈现出明显的收缩趋势，从曾经信誓旦旦的"亚太再平衡"变成了"美国优先"；欧洲国家则呈现出明显的"务实主义"浪潮，务实的欧洲政治家纷纷把眼光转向东方，拓展与华务实合作成为共识，淡化意识形态成为主流。美国的战略收缩、欧洲的务实外交等国家选择都反映出西方国家受国家实力下降所限不得不做出退步。同时，其内部政策同样发生了较大的方向性改变。其国家机制本身运行存在问题，互联网世界无限放大了民粹主义势力的存在与

---

① 世界银行 2017 年 2 月全球 GDP 数据。

② 彭博社：2017 牛津经济学公司《世界 750 座大城市未来的机遇与市场》。

③ 美国皮尤研究中心 2017 年 8 月 23 日《全球最受欢迎国家分析报告》。

能力，各种各样的"边境墙"在各个领域无声地兴起，预示着各种地区主义、地域主义、孤立主义兴风作浪。美欧"跨大西洋贸易与投资伙伴协定"（TTIP）、"跨太平洋伙伴关系协定"（TPP）、气候变化的《巴黎协定》、"北美自由贸易协定"（NAFTA）都似乎走上了穷途末路。欧洲也有着同样的选择，欧盟委员会在其2017年5月发布的《驾驭全球化反思报告》中虽然明确表示支持全球化，但是在全球化的思路中，强化贸易保护政策仍然是欧盟应对内部企业遭遇不公平贸易行为的有力手段。各种政策的趋向性看似能够自保西方国家自身，实则将西方国家拖入更大的深渊。

同时，国际体系也正经历着复杂而深刻的变化。当前，国际格局正处于"一超多强"向多极化的巨大转变之中，大国关系也显露出明显的变化，呈现出新的发展趋势。各大国不断因时因势就其对外政策进行战略性调整，深刻影响了国际关系和国际格局的重新塑造。总体来看，大国关系在变化中基本保持稳定，在竞争与合作中富有弹性，但同时大国间关系的复杂程度也是史无前例，相互竞争也更加激烈，国际局势的不确定性也在增加。

多重矛盾掩盖下的世界，不得不回答一个核心的问题：到底是何者的缺失导致了西方暗淡？发展的困境究竟有着怎样的根源性缺陷？政策方向的偏离又出自于怎样的判断失误？从内在的角度出发，我们可以得出结论：正确价值的缺失导致了诸多无法避免的错误与矛盾的产生。

西方以推行价值观、拯救人权之名来试图藏匿其资本向外扩张的本质目的，凭借其自身的资本、智力等优势在全球各地掠夺财富，给广大的落后国家带来了长期的社会动荡与不安，运用"剪刀差"谋求自身利益，逼迫发展中国家将反对西方的军事威胁和资本轰炸作为行走国际舞台的无奈选择，由此树立起绝对对立、称霸的政治价值观念；同时，建立在简单的少数服从多数等原始民主观念基础上的西方政治体系，将民主决策机制牢牢地束缚在少数人的手中，无限政治权利低效率的运转，消耗着整个国家的发展潜力，由此只能建立起颓废、消极的社会价值导向；并且，历史上宗教的绝对统治地位在事实上压抑着人的意志与存在，在终结了西方中世纪的黑暗之后，过度的人权价值倡导与过分的个体价值维护，导致了现实社会的低出生率、高离婚率、同性婚姻等现象，社会空心化日渐加重，由此导致其虚无价值导向。多重价值困境下的西方世界，呼唤着正确价值导向的作用发挥，而中国价值则成为世界的共同期待。

二、中国价值破解西方发展的现实困境

俄罗斯科学院远东所所长谢尔盖·卢嘉宁指出："中共十九大和习近平新时代中国特色社会主义思想，不仅为中国发展提供行动指引，也与当今世界面临的抵抗贫穷、维护安全、实现环境友好型经济等现实问题相呼应。"我们不禁发问：中国价值如何为有些西方国家的发展提供导向指南？

经济运行"出轨"几乎成为资本主义世界的共同困境。为了应对这场几乎是资本主义世界有史以来的最大危机，有些西方国家几乎是"山重水复疑无路"。仔细考量其经济运行背后的问题，几个固然障碍不可不谈：首先，巨额债务成为其前进的阻拦。西方国家长期以来养成的极度超前、超能、超度消费的习惯性做法，使整个国家的运转都建立在超前的虚无上，使整个国家的债务负担日渐呈现雪上加霜的趋势。发达国家的债务与 GDP 比例已经达到了 390%，尤其是美国、日本等发达国家国债出现了大幅增加。在 2017 年年底美国的国债总量已经突破

了 20 万亿美元。① 而受困于西方国家运行机制的束缚，各国政府和执政党为了应对债务危机而采取的方法措施多数治标不治本，难以从全局出发考量，很大程度上进一步导致经济增长缺乏动力，激发了民众的不满情绪。其次，高危金融成为心头之患。西方国家在金融领域的过度膨胀已经严重威胁到了整个国家体制的运转运行，金融业快速迅猛发展的背后，是长期得不到足够发展空间和发展资源的实体经济趋于衰弱，金融产业的发展速度高于实体经济增长速度数倍，空前的风险日渐集聚在西方国家上空。以英国为例，工业在英国经济中的比例仅约 21%，以金融为主导的服务业产值则超过 70%。② 失去实体经济的坚固基础，整个产业发展趋向空心化，这使得整个国家对危机的预防与挽救能力大大下降，更不用奢望其对经济发展的提前规划与促进。失去了正确引导与理性管控的金融产品疯狂递增，日渐将整个国家经济发展的基石摧毁。同时，畸形福利成为夺命稻草。为了应对社会主义国家提出的福利制度，自"二战"后，高额福利制度就成为了安抚社会底层民众、帮扶资产阶级统治的有力工具。一系列完整的福利政策在当代民粹主义浪潮中只能升高不能降低，毫无理性的福利政策使得整个国家的财政不堪重负。在曾经的经济高速运转时期，高额财政收入尚可维持这种高额支出的福利发放模式，但是一旦经济出现问题，福利制度就会第一时间成为压力。但社会福利制度作为公众的既得利益，并且维持了较长时间，已经深刻改变了整个社会的生活方式，如何剔除这根"夺命稻草"的影响成为整个西方世界共同面临的难题。

而中国的高速迅猛发展令整个西方世界不得不重新反思西方和东方的差别源自何方？金融危机、社会凋敝、恐怖主义袭击、灾难频仍，

① Business Insider 网站：2018 年 1 月 3 日国际金融研究机构（IIF）分析报告。
② 刘晓明：《对西方资本主义困境的观察与思考》，《人民日报》2013 年 4 月 12 日。

这些西方世界频频出现的灾难名词在中国出现的频率却小得多。当我们将关注的目光聚焦于当代中国核心价值体系时就会发现，把"和谐"精神作为推动中国发展的动力，并且提高到了整个社会发展的精神内核的高度，就是向世界证明了：中国的发展不只是某个特殊阶段的特殊历史条件汇聚，实际上更多地蕴含了中国传统哲学的精神品格和价值观。社会主义核心价值观集中反映了和平与发展这一时代主题要求下的发展方向，表达了中国人——也是全人类——的共同利益，揭示了社会主义社会及未来共产主义社会的根本价值指向。

西方政治选举机制影响下的政治人物选举，并不将实际执政能力作为价值导向，而是将演说、巡讲作为实际考量，谁能提出漂亮、响亮的口号，谁能赢得更多选民的好感，谁能调动或者获得更多的资本助力，谁就能上台执政。这种选举制度选出的领导人，往往缺乏实际执政经验，"胜选"而不"胜任"，能说而不能干，政客多而政治家少。同时，部分集团利益也超越了整个国家的利益。以总统为代表的执政团体本就是谋改革特定利益阶级的代表人物，同时为了获得更长久的执政时间，这种政治家与资本家的捆绑往往传承良久。两党之争就成为集团利益之争的代名词，整个国会变成了两派人的斗秀场。少数顶层利益集团互相残害的结果是亿万底层百姓难以获得真正实际的政策照顾与发展红利。短期代价是经济持续衰退，长期代价就是超级大国加快衰落，并拖累整个西方的命运。并且，看似民主的体制机制影响了实质民主的实现。西方国家成功将"人民做主"这一民主的真正内涵简化成了"一人一票直选论"，很大程度上曲解了民主的内涵。真正理性的声音在民粹的浪潮下显得微不足道，根本无处发挥作用。民意裹挟、绑架下的社会舆论使很多危机、灾害的治理寸步难行。英国皇家国际问题研究所最近就"民主制度的未来"召开研讨会，结论是今天的西式民主制存在三个突出问题：即民主选举"游戏化"，民主运作"资本化"，民主决策"短视化"。这就使民主形式、程序大于实质和内容，阻碍了国家治理。

而中国价值在政治治理方面的体现，就在一定程度上实现了对资本主义政治价值的超越。社会主义核心价值观"民主"二字就体现了我国政治主体层面上的"人民群众主人翁"的追求，真正实现了人民当家作主的夙愿。这体现出比资本主义民主更大的优越性。资本主义国家虽然也倡导主权在民，但是在具体的实施层面出现了偏差，导致整个西方的民主价值仅仅体现为"一人一票、领袖直选"，这是对人民主体地位的欺骗。同时，从政治意识层面上看，我国树立了共同富裕的近期理想和实现共产主义的远大理想，并通过各族人民切实的共同努力朝着这一理想迈进。政治理想是整个国家政治价值的直接体现，促进社会政治的稳定与和谐发展。中国的政治价值直接弥补了资本主义国家在极端泛滥的自由理念的支持下建立的多元主义政治价值，从而能消解多种政治理想对社会政治稳定与和谐发展的不利影响。

社会极端思潮成为西方社会不可忽视的社会思潮。贸易、移民、宗教问题上的保守主义日渐明显。许多欧洲国家的右翼政党"登堂入室"，成为实际掌权派。许多右翼势力公开采取暴力手段，恐吓、打击外来移民。这在一定程度上引起了社会流动性的退化。贫富分化的日益加重、中产阶层的日渐萎缩都反映出整个社会失去活力。美国著名经济学家、诺贝尔经济学奖得主保罗·克鲁格曼惊呼"美国梦已不再"。他尖锐地指出，当今美国的社会流动、国民收入和社会资源分配处于建国两百多年来"最差时期"。① 社会不良运行引起社会矛盾的日益激化，"群体性

---

① 刘晓明：《对西方资本主义困境的观察与思考》，《人民日报》2013年4月12日。

事件"数不胜数。各种"占领运动"反映出西方国家民众对社会的强烈不满，体现了凝固的社会消磨了群众对未来的想象与期许。甚至向来以"高幸福度"著称的北欧国家也发生过多起严重的暴力、枪击和骚乱。这些群体性事件既是社会矛盾的直接反应，也在一个侧度上加重了原有的社会问题。

"自由"是中国价值在社会层面的重要体现，也是当代中国核心价值体系的重要内容。实现"人的自由全面发展"这一闪耀着共产主义理想的价值光芒的价值目标，成功凝练起中国这个改革已经进入深水区的社会中的最大公约数。作为以马克思主义为指导思想的社会理想、社会形态及制度安排，中国特色社会主义制度以其自身独特的价值魅力吸引、感召着人类社会的价值追求，深刻回答了西方国家社会乱象的本质原因。"自由、平等、公正、法治"的社会价值与西方国家所倡导的"个人第一、胜者优先、适者生存"价值观相比，显然更加符合世界文明向前发展的根本要求，更加符合世界各族人民的根本利益需求，有利于社会层面的深度整合与稳定。

三、中国价值破除西方模式的价值迷信

核心价值观是一项价值体系的灵魂和内核，能否凝练出核心价值观并不断发展是判断一套价值体系能否得以流传的关键。中国古代价值观是中国传统价值体系的核心，它以儒家文化为核心，受多重方面的因素影响；在西方，一定时期内基督教也形成了其核心价值观，从而发挥了奠定整个西方价值体系的作用。而这也在一定程度上说明了中西两种价值体系能历经千年流传下来，核心价值观对于一套价值体系来说有多么重要。但反观近代，特别是现代以来，东方很好地继承了传统的"凝结

核心价值观"的习惯性做法，在不同时期都能形成核心价值观，并加以传播和固化。儒家文化中的核心价值观，通过"三纲五常"等社会具体习俗、通过"上行下效"的国家意识形态、通过科举考试内容的限定，使之固化成为普罗大众政治生活、文化生活、经济生活中不可或缺的一部分。而正是因为核心价值观的存在，才使中华文化成为世界上绝无仅有的流传千年而不中断的文化体系，时至今日依旧是世界文化群体中的佼佼者。不仅如此，从更大的社会层面来看，进入现代社会后，东方社会呈现出的社会稳定性与社会凝聚力远远超过西方国家，这也直接说明了核心价值观的社会凝聚作用。而反观西方，随着科学技术的日益进步，信仰上帝的教徒客观上减少了，基督教教会从很久以前的政教合一机构变成了单纯的社会组织，从对广大信徒持续、稳定、固定地进行严格的、系统的有关基督教教义、信仰的神学灌输，到服务于经济社会、单纯进行心理宽慰为主。从一定程度上来说，西方文化延续和传承的主心骨不再坚挺。越来越多的西方国家意识到，应该向中国学习其价值体系的生成机制，凝练出属于自己民族的核心价值观，由此推动文化体系和社会核心价值体系的发展。从政治的角度出发，整个核心价值观中政治观念有着重要占比，可以被视为是整个核心价值观的中枢核心。从基督教的历史发展来看，教会曾经在世俗的政治统治中扮演着举足轻重的角色，它提供了整个政权合法性的基础，提供了整个社会的道德标准和价值标准。但是，随着时代的发展、社会的进步，特别是资本主义制度自身的矛盾危机，西方国家的那些价值模板越来越虚弱，日渐式微。因此，能否凝练出正确的核心价值观对整个民族的发展至关重要。而在这一过程中，中国价值建设成果斐然，社会主义核心价值观作为马克思主义、中华优秀传统文化和中国特色社会主义理论体系的综合创新成果，对整个社会作用显著，而且正在破除西方价值迷信。世界上，越来越多的国家，包括有些西方国家本身，在对西方模式失望的同时，都已然把目光投向了中国价值。

精神生产是创造价值体系的重要途径。各种各样的生产生活实践为精神生产提供了丰富的素材和信息来源，精神生产过程为价值体系的产生提供丰富可能。精神生产无处不在，价值生产也存在于各个社会之中。特别需要注意的是，在精神生产过程中，智力的付出与精神的付出向来是同时进行的输出过程。智力输出为价值生产提供了基本内容和分析方法等实然载体与产品，精神付出则决定了本次精神生产的道德方向，在中国价值凝练的过程中，从事精神生产的文化创造主体是直接代表最广大人民群众真实想法的人，这保证了他们正确的精神付出方向，他们的世界观、人生观和价值观等精神因素决定了精神生产处于正确的方向。而在西方，真正进行精神生产的主体往往脱离于最广大人民群众之外，价值观的制定和传播由最少数的统治阶级决定，而政治统治阶级往往与某资本集团捆绑在一起，这决定了其核心价值观的确立和传播往往处于一个不健全的畸形系统中，往往缺乏对社会真正的责任感、荣誉感和使命感，只对政客和金钱负责，而不对真正的社会、人民负责。这样即使制定出了核心价值体系，也不会为其社会氛围起到多少正面的效应，甚至处理不当还会使整个社会陷入反方向发展。西方国家和发展中国家应该学习中国价值的精神生产阶段，强化对价值体系制定者的管理和控制，保证产品生产过程的有效性以及后续传播过程的有效性。推动精神生产实践的开展，从而间接地促进价值的实现。

文化心理是人们对文化的意识、观点和看法，其中对文化的价值观念和取向是文化心理的重要组成部分。文化心理塑造和养成是形成一个民族价值体系的必备途径。一个对文化没有深切敬畏之心的民族，不可能形成这个民族独特的价值体系。我国自古以来就有重视文教的传统，

"诗书传家久，礼仪教化长"自古是中华民族的优良传统。而遍观历史，能够保持稳定的价值取向和高度凝结的认同感的国家和民族都是重视教育、尊崇文化的民族。日本在战后之所以能迅速崛起，同他们对国民进行重视科学的教育密切相关。犹太民族一直被视为全世界家庭教育的高峰，故而形成其强大的民族凝聚力。只有在全社会形成重视知识、重视人才，崇尚科学、反对迷信的科学精神和社会环境，才能为文化的发展创造一个良好的文化心理氛围。透视西方社会，之所以发生诸多社会问题，原因之一就在于其教育体系失去了正确的价值导引，难以发挥教育的社会稳定作用。极端泛滥的自由主义带来了道德教育的沦丧与失败，从而导致整个社会难以养成系统性的崇尚文化，特别是崇尚民族文化与传统文化的氛围。失去了对文化的高度认同感，价值体系的形成就失去了稳固的土壤基础，就会沦为空中楼阁。中国价值建立在人民群众高度认同的传统文化的基础上，获得了经久不衰的历史生命力。

第二节　为发展中国家革新发展提供价值指引

中国是世界上最大的发展中国家，也是最为发达的社会主义国家。中国深切地体会到，在发展中国家迈向现代化的历史过程中，社会矛盾的运动有多么强烈。历史的安排将发达国家与发展中国家放置在两个全然不同的历史境遇上，不均衡、不充分、不高质量的发展是发展中国家的通病。当发展中国家开始追求现代化的时候，历史和社会矛盾空前集中，发展中国家追求现代化难以避免地会遇到诸多问题。虽然从历史发展的角度来看，矛盾的运动与发展是绝不会停止的，但是如何应对、处理这些历史交汇期的矛盾，从而实现整个国家的跨越式发展引人深思。

中国如何在面临着极端困难的条件下实现了引人注目的傲人成就？在每一次解决矛盾的背后，中国价值有着怎样的体现与彰显？这无疑为广大发展中国家提供了深切的思考。

一、中国价值萌发于价值生成的普遍规律

任何价值体系的形成都建立在对该民族、该国家、该群体传统价值的继承基础上，没有继承就没有起点；同时，任何价值体系的建立内部的理论发展性就决定了其有不断与时俱进的内在要求。中国价值的民族性与时代性都在中华民族历史发展的实践过程中形成并不断发展，是建立在中国文化基础上的价值统一体系。科学理解并把握中国价值的这两大特征，是理解中国价值形成与发展趋势的前提。民族性植根于中华民族悠久的发展历史与实践传统，时代性则透视着现当代的时代浪潮与发展历程。从二者的联系来看，民族性是时代性形成的前提和依托，为时代性的丰富与发展提供了厚实土壤与丰富底色；时代性是民族性的继承与革新，指引着民族性在新的历史阶段保持正确的发展方向。民族性与时代性共同在中国特色社会主义的伟大实践中交流、融通，历经实践的检验，二者日渐找寻到逻辑上的结合点，构筑起中国价值的根本特征。

中华文化源远流长，积淀着中华民族最深层的价值追求，代表着中华民族独特的价值符号，为中华民族生生不息、发展壮大提供了丰厚的价值滋养。博大精深的中华传统文化承载了中华民族自古以来形成的重要价值成果，中国价值孕育于源远流长、博大精深的中华文化，回答了中华文化在中国价值形成与弘扬过程中发挥的独特作用。

中华民族博大精深的优秀传统文化，孕育了内涵丰富、意蕴深远的中国价值。中华优秀传统文化包括"先天下之忧而忧，后天下之乐而

乐""精忠报国"的爱国文化,"四海一家""天下一家""四海之内皆兄弟"的团结文化,"和为贵""化干戈为玉帛"的和平文化。有"克勤于邦,克俭于家""民生在勤,勤则不已"的勤劳文化,"不畏强敌""勇者不惧"的勇敢文化,"发愤忘食,乐以忘忧""不知老之将至"的自强文化,等等。价值观念与文化密不可分,价值观念既是文化产品的重要部分,也是指引文化发展的重要指针。"中华文明的结构和机制,在漫长的岁月中,经过一代代先人在实践中不断的探索、积累、完善,已经形成了一套相当成熟的协调模式。这些事实充分体现了古人高度的政治智慧和中华民族深厚的文化底蕴。时至今日,在我们的生活中实施的'民族区域自治''一国两制'等政治制度,无不缘于厚重的中华传统文化"。中国优秀传统文化之所以能够产生独特的中国价值,就在于中华民族的历史能够独树一帜地历经千年传承不衰,就在于中华文化所具有的独特的兼收并蓄特征。无论在历史上的任何时期,价值体系的产生都不可能凭空而来、无所依托,它一定能够从历史上或长或短、或精炼或丰富的积淀中找到自己的发展根脉。

建立在中华优秀传统文化基础上的中国价值如何能够充分发挥自己的"生长潜力"？答案来自于人民群众无时无刻不在进行的中国特色社会主义的伟大实践。人民群众是社会历史的创造者,我国的社会性质决定了我国的人民群众拥有充分的在实践中产生、发展、创造文化的本领和途径,人民群众始终是社会物质与文化财富的创造者。纵观人类文化史,或高雅或平民、或阳春白雪或下里巴人,可无论什么档次的文化作品,随着社会研究的深入,我们越发清晰地发现:只有最广大人民群众的社会实践才能创造最有价值的文化产品。

人们的文化创造力,是最根本的价值观念"种植机"。毛泽东同志强调,党要想做好工作,就要依靠人民,相信人民。人民群众的创造力是无穷无尽的，同人民打成一片，那就任何困难都能克服，任何敌人最终都压不倒我们。邓小平同志对党制定各项方针、政策提出了四点标准，即人民拥护与否、赞成与否、高兴与否、答应与否。"三个代表"强调人民的根本利益、科学发展观指出发展要把人民的根本利益摆在第一位。习近平在谈到文学艺术创作时强调"中国价值是文艺的灵魂……人民是文艺创作的源头活水，一旦离开人民，文艺就会变成无根的浮萍、无病的呻吟、无魂的躯壳"①。社会主义核心价值体系的产生、运行和发展、构筑都离不开广大人民群众的历史实践，特别是文化生产的实践。中国价值没有什么现成的理论可以借鉴，过去没有，将来也没有，都是人民群众在生产实践中发展出来的，并非外界灌输的结果。这也就决定了中国价值必将在人民群众新的实践中发展出新的硕果。在长期的生产实践过程中形成、创造的价值观念最能够反映人民群众利益，最能够凝结人民群众的价值立场，最能够影响人民群众的价值判断。中国价值的丰富与发展，是在人民群众的实践中串联、并结起来的，托举起中国梦的实现。

二、中国价值突围发展中国家的发展困境

中国是目前世界上最大的发展中国家，也是世界上最重要的社会主义国家，集中代表了发展中国家的利益诉求和社会主义国家的发展方向。以社会主义核心价值观为核心内容的当代中国价值观念不仅仅符合中国发展，而且具有世界意义，符合社会历史的普遍发展规律，指明社会前进的根本方向。中国价值蕴含着丰富的、建立在当代中国发展的成

---

① 习近平:《在文艺工作座谈会上的讲话》，新华网，2014 年 10 月 15 日。

功经验基础上的内涵总结，给广大的发展中国家以新思考，为世界社会主义的发展注入新活力。

很长一段时间内，发展中国家对西方的发展模式深信不疑，以西方的政党制度、市场经济、民主文化为模板套用本国的现代化建设和生产实践。国际社会的主要合作组织也被西方发达国家所操控——迄今为止的主要国际性经济组织的规则由发达国家制定，发展中国家处在被动接受的处境之中。美国等发达国家操控着不合理的多边贸易体制，这为发达国家搜刮发展中国家的资源、打压发展中国家某些产业提供了极大便利。美国在世界贸易组织（WTO）中发挥着支配性的作用，美国的原则是不允许世界贸易组织干预美国的立法程序，WTO 成了实现西方发达国家尤其是美国公司利益的工具。世界银行（WB）成立以来的九任行长都是由与洛克菲勒家族或者与美国的几大公司有着联系的美国人担任。WB 和 IMF 都代表着发达国家的利益，它们相互协调、保护发达国家的共同利益不受侵犯，奉行唯金融寡头利益是从的新自由主义的经济政策。而资金和人力资源的缺乏，制约着发展中国家尤其是贫困国家在这些组织中的话语权。发展中国家为了实现自己的发展目标，不得不借助于国际组织的援助，这在一定程度上加深了发展中国家对西方发展模式的深信不疑。但现实却分外残酷：1989 年美国、英国等西方国家提出了指导拉美国家经济改革的"华盛顿共识"，在这种以新自由主义为核心的"共识"的指导下，许多拉美国家陷入了经济衰退、政治动荡、社会分化的发展困境，波兰、罗马尼亚、捷克等东欧国家也陷入经济衰退之中。

当前人们普遍认为，在现代化进程中发展中国家可以利用成熟的科学技术、先进的管理经验、开放的国际市场、廉价的劳动力等，实现经济社会发展的"弯道超车"，成功实现国家的现代化转型。但是实践表明，多数发展中国家并不能充分利用"后发优势"，甚至将后发优势变成了后发劣势。究其原因：国际政治秩序仍带有明显的殖民主义色彩，西方国家常以人权为借口干涉他国内政，影响了发展中国家的政治稳定；国际经济秩序仍以不合理的分工体系、贸易体系为基础，发展中国家很难平等参与国际竞争；发展中国家普遍面临着发展资金不足的问题，导致国内基础设施建设滞后、投资环境恶化。在现代化进程中，中国正确面对发展中国家的"后发劣势"，通过坚持和平发展之路推动世界新秩序建构，以整合社会资源的方式破解经济发展瓶颈，以加强国民储蓄、增加国家财力、推进基础设施建设，成功实现了中国在发展上的"弯道超车"。

在现代化进程中，发展中国家普遍面临着"发展"和"稳定"的两难困境，经济发展常常伴随着政治动荡，比如阿拉伯国家的现代化转型就遭遇了政局不稳、社会混乱、宗教冲突等问题。此外，许多发展中国家都面临着独立自主与对外开放的两难冲突。当国家向西方资本开放时，国家经济和政治会被西方国家所把控，最终沦为西方国家的经济殖民地。在现代化进程中，中国牢牢把控意识形态建设的主导权，保证了社会成员的思想统一，也为现代化建设提供了坚实的思想保障。同时，中国坚持公有制的主导地位，将能源、金融等重要领域控制于国家手中，保证了国家的经济独立，成功突破了发展中国家现代化转型的两难命题。

然而，中国却突破对西方发展模式的路径依赖，破解了现代化进程中的"后发劣势"，解决了现代化转型中的两难命题。比如，中国的人民代表大会制度、政治协商制度等政治制度，公有制为经济主体的市场经济制度，以政府为主导的社会管理制度等都与西方国家的民主制度有着根本区别，中国以这种完全不同于西方国家的发展模式实现了中国的现代化转型。中国实践的成功向世界昭示：社会主义、宏观调控、公有制等也可以成为现代化的重要元素。这背后凸显的是中国价值内涵。在中华优秀传统文化的丰土沃壤中产生建立起来的社会主义核心价值体系，强调"和而不同"，尊重世界上社会制度和文化存在的多样性、合理性。在当代中国，社会主义核心价值观不仅仅起到了物质层面的作用，更在精神层面鼓舞人心、凝聚力量。越来越多的国家，特别是亚非拉地区广大的发展中国家，从中国发展进步中得到启发，认识到要想真正获得发展必须坚持实事求是、理论联系实际，必须在融入世界的同时，坚定不移地把发展的普遍规律与本国具体国情及实践相结合。当代中国的辉煌成绩建立在价值观念的指导和鼓舞基础之上，同样，广大发展中国家也能从中国的价值观念中汲取精神力量。

三、中国价值提供发展中国家的价值归属

中国价值是中国共产党带领全国各族人民进行中国特色社会主义实践的经验总结和理论升华。在中国价值的指引下，中国实现了世界上绝无仅有的发展中国家成长模式和社会主义发展道路。但这个"绝无仅有"，并不意味着没有"普遍意义"。恰恰相反，建立在中华优秀传统文化和中国特色社会主义实践基础上的中国价值，构建了所有发展中国家所共有的价值归属。

经济发展价值特定。中国改革开放近四十年来，始终活跃在世界经济舞台的中央，从世界边缘经济体变为世界第二大经济体，这离不开中国价值的指引，并在这近四十年的实践中进一步发展了中国价值的内涵。从"黑猫白猫，能抓住老鼠就是好猫"的发展理论，到"创新、协调、绿色、开放、共享"的发展理念，中国价值始终凝聚共识；中国积

极融入全球化进程中，并制定了对外开放的发展战略，建立全方位的对外开放格局，实现了中国经济与世界经济的协同共进。中国的经济发展经验表明，只有发展中国家主动选择拥抱世界浪潮，在准确把脉本国现实状况与发展条件的基础上，明确发展方向，才能实现跨越式发展；在市场经济建设中，中国积极推进经济体制改革，并未陷入盲目市场化的陷阱，而是将市场机制作为资源配置方式，有效化解了"市场失灵"所带来的种种问题。在市场化改革中，中国还积极推进民营化改革，大力发展民营经济，但是中国并未因此而放弃公有制经济的主导地位，更未将公有制经济"一棍子"打死，而是积极推进国有企业改革，不断提高国有经济的生命活力。

中国价值为经济建设创造了良好的发展环境，促进中国经济的跨越式发展，中国才能取得举世瞩目的经济建设成就。在遇到困难与阻碍时，中国始终秉持着"以人民为中心"的价值立场，恰当处理了改革、发展和稳定的关系；秉持"发展才是硬道理"的价值选择，通过经济改革、制度创新等手段破解难题困境。如今，中国成为世界经济增长"领头羊"，面对中国创造的经济奇迹，发展中国家在学习具体模式道路的同时，必须注重领悟中国价值的内涵。在借鉴中国发展经验中，许多发展中国家实施了诸多政策措施，但是并未收到预期的经济发展效果，这就是因为这些国家没有把握中国价值的诸多内涵：对外开放坚持"以我为主""为我所用"的价值判断原则，不照搬西方经验，不放弃本国优势，采取独立自主的策略；处理市场主体的关系秉持着"辩证施治""系统推进"的价值原则，中国经济奇迹是在对外开放、市场机制、民营经济协同共进中形成的，发展中国家应把握中国经济改革的实质，把握中国价值为经济运行构建起的价值归属。

政治发展价值特定。在论及政治运行机制方面的中国价值时，许多西方学者都"天然性"地拒绝承认中国在政治体制建设上取得的辉煌成就，甚至有时候倒打一耙，污蔑中国只进行经济建设，而在政治上长期处于落后状态，这其实大大忽略了中国的政治成就，忽略了中国共产党治国理政过程中形成的中国价值。邓小平说过，中国的改革模式是大规模经济改革和小规模政治改革的有机结合，中国绝不能摒弃现有政治制度，只能渐进式地改革政治制度中的不合理成分，使上层建筑适应生产关系的发展，这也正是许多发展中国家所不具备的。① 可以说，如果没有领悟中国价值构建的政治圈层，发展中国家难以获得深层发展。

即使是"改革进入深水区"，在"摸着石头过河"的过程中遇到了难以想象的既有阻力，中国共产党始终能够"兵来将挡，水来土掩"，这并非有什么现成的模式可以套用，而是中国共产党始终坚持"为人民服务"的价值选择、"实事求是"的价值立场。秉持国家层面的价值目标，在面对社会转型期的"两难困境"时，中国共产党从不选择回避社会尖锐矛盾来捍卫自己的地位与权威，而是始终坚持"以人民为中心"，推进政治民主、维护经济发展、保持社会和谐。始终秉持"以人为本、励精图治、良政善治"的根本价值立场。从另一个层面来说，中国价值的根本特征在于其不沦为任何一套既有价值体系的下属补充，而是始终秉持兼收并蓄的谦卑态度，完善、锤炼自己的内在潜力。许多发展中国家在选择发展道路时将西方政治制度奉为上宾，甚至凭空创立本国根本不存在的政治制度。"三权分立"、宪政制度看似美好，可只会将西方制度盲目移植，既没有稳定的政治改革环境，又没有坚实的经济基础，政治建设只能是水中花镜中月。"独立自主""循序渐进"的中国政治价值构建了发展中国家的价值归属。

---

① 张维为:《中国的改革模式最为成功》,《环球时报》2012 年 5 月 9 日。

第三节　为人类的终极理想实现提供价值核心

人类理想产生于人的历史实践之中，它面向人类未来，是人类对于自身发展的理性构想。人类对理想的追求也使人类从动物世界中区别出来、并使自身高出动物世界、体现人的崇高与伟大。人类的最高理想，是追求人的发展自由性与发展目的性相统一，追求人类探索自由性与追求规范性相统一。这是从实践的角度透视人类理想，并从人类理想的内在逻辑联系中透视得出的结论；但受限于历史发展的阶段性束缚，异化的发生和功利主义的追求导致了人类生活根基的动摇和精神世界的缺失性空虚，人类需要重建起理想和意义的世界，从而规范人类的理想设定和未来生活的世界。何种价值体系能够与人类最高理想一脉相承，承担起为人类构建共通性价值体系的夙愿？答案指向中国价值。

一、中国价值植根于人类最高理想的夙愿

和谐精神凸显世界价值。"大道之行也，天下为公。"追求和实现社会的平等、安定、和谐，是古往今来几乎所有国度、所有民族、所有文化群体拥有的美好夙愿。古今中外对这些共同的价值理念都有着非常深刻和丰富的论述。从中国古代道家对于"小国寡民"社会的畅想，到古希腊思想家的萌芽期共产主义思想，从空想社会主义者对现实不满而形成的对未知世界的建构和实践，直至马克思、恩格斯对历史发展进程的科学判定与归纳总结，都说明了人类社会发展必定会朝着和谐的方向前进，是人类共同追求的价值目标和社会理想。而作为价值产品，只有顺应了人类历史发展浪潮与前进方向的才能具有普遍的世界意义，而和谐

就是中国价值的社会指向，是自由、平等、公正、法治等具体目标的归纳、总结、概括。这是中国价值的世界弘扬。尽管中西方传统文化中都有"和谐"思想，但二者有着显著的区别。西方文化虽然包含有和谐的思想，但是这种思想主要限于探讨人与人之间的和谐，在最初诞生的时候并不致力于探讨人与社会、人与自然之间的联系与沟通。西方文化后期也强调了社会和谐的作用，不过是建立在维护社会秩序的目标上去解释的。中国传统文化中包含有丰富的和谐思想，这种思想不仅体现在人与人、人与社会的关系上，而且体现在人与自然的关系上。如在人与自然的关系上主张"天人合一"，在人与人之间的关系上主张"和睦共处"，在政治上主张"政通人和"，在对外关系上主张"万邦来朝"。但从总体上来说，我国传统文化中的和谐思想是一种以人伦为基础的和谐观念。当代中国的"和谐"价值观念，从内容上包括人与自然的和谐，人与人、人与社会、国家与国家之间的和谐及人与自身的和谐。具体来说，在人与自然的关系上，既注重发挥人的主观能动性、对现实世界进行改造，也强调充分尊重自然规律，达到人与自然的和谐共生；在人与人、人与社会的关系上，强调多方综合考量、多面利益考虑，将民主与法制联系起来，将发展与保护联系起来，将依法治国、人民当家做主、党的领导联系起来，既要注重公平又要讲求效率，既要尊重个人合法权利又要保障他人正当利益，既要保障个人利益、眼前利益又要维护整体利益、长远利益。在国与国的关系上，在坚持和平共处五项原则的基础上，奉行合作、共赢的价值理念，努力维护世界和平与发展。在人与自身的关系上，就是要做到物质生活与精神生活平衡发展，努力成为一个德、智、体、美全面发展的人。但同时我们也必须承认，走向和谐、构建和谐是一个永无止境的过程。社会主义初级阶段的现实，生产力发展需求、生产关系的有待完善、社会制度的健全仍然是需要我们长期面对和改进的。实现每个人的自由发展是一切人自由发展的条件，也在不断发展之中，要实现共产主义的最终价值目标还有很长的路要走。必须坚持以人为本，不断满足人民的物质文化需求，使人民共享社会进步带来的物质财富和精神财富；坚持改革开放，建立健全充满活力、富有效率、更加开放的社会主义市场经济体制和机制，促进生产力的发展；科学分析影响社会和谐的矛盾和问题的根源，正确处理和化解社会各种矛盾，减少社会不和谐因素，不断促进社会的公平正义、促进人与人之间、人与社会之间、人与自然之间的和睦友好，逐步形成秩序良好、生态文明的社会。

自由精神实现全面发展。关于个人价值，其中重要的一环是"自由"。我国是一个"人民利益至高无上"的"以人民为中心"的社会主义国家，任何政治维度的公众考量都需要极大程度考虑公平正义，而公平正义归根到底就是要保障每个人的自由全面发展，保障所有人在国家富强、民族振兴的时代步伐中自由地去选择自己如何生活、如何发展的权力；这既是共产主义最高理想在中国价值层面的体现，是每一个人实现自由而全面发展的时代要求的体现，也是具体政治生活中的诉求在价值层面的深切反映。作为中国价值的重要组成内容，公平正义也是极富世界意义的价值判断概念，反映了全人类共有的理想诉求。中国价值的自由，不仅仅是制度层面的自由，更是人类发展的终极价值理想——实现"人的自由全面发展"。作为一种马克思主义指导下的社会理想以及由此衍生出的社会形态和制度安排，社会主义代表了人类社会的发展方向，承担了解放生产力、发展生产力的本质任务，以其自身的价值感召着整个人类社会将之视为价值追求。中国价值宣扬的"以人民为中心"的思想与西方国家倡导的"胜者为先、适者生存"的价值观相比，更符合人类发展的终极目标追求、符合世界各族人民的共同价值指向。中国价值之"自由"，意在呼吁人的自由全面发展，这既是中华优秀传统文化的积淀要求，也是中国共产党秉持着"执政为民"的执政理念，并将"人民幸福"作为中华民族伟大复兴中国梦的核心立场的价值选择。但同时我们也需要注意到，人的自由的实现是一个不断发展的过程。每个阶段的自由都是相对于某个特定的历史阶段而言的，是作为相对的范畴而存在的。历史发展的内在规律揭示出了这样的真理：随着社会生产力的不断解放和发展，生产关系不断发生各式各样的革命，文明在进步之中，无论是个人还是人类都在走向更自由的过程中。但实事求是地说，没有不受法律、道德、纪律的约束和规范的绝对的、随心所欲的自由，即使跳脱出法律、规则的束缚，却仍旧还受缚于现阶段的生产力局限、生产关系局限，等等。所以，人走向自由的道路是漫长而艰辛的，需要社会主义制度自身通过改革来不断地发展完善，尤其是社会经济制度以及分配制度的完善及生产力的不断发展和完善。

二、中国价值回答了人类价值思考的困境

21世纪的今天，国际形势出现新的变化、呈现新的特征。世界多极化和经济全球化的趋势在不断发展，科技进步日新月异，各国在经济、政治和文化方面的交流日益频繁的同时，各种思想文化之间的碰撞和差异也不断凸显。资本主义的思想观念、生活方式和由此带来的价值观念随着经济全球化的浪潮不可避免地涌入各国国门，不同程度地影响着各国人的价值取向和价值判断。加之科学技术尤其是信息技术的迅猛发展，互联网带来的信息多渠道性、即时性，各种信息良莠不齐、真假难辨。市场经济的发展加速了传统价值理念的解构，经济全球化促使传统价值理念的转变，致使在意识形态中出现一元主导多元并存的复杂局

面。伴随着改革开放和市场经济的发展，文化交流和碰撞不断扩大，人的主体性和独立性不断增强，价值观念的多样性和多元化趋势日益鲜明，人们的思想观念、道德意识、价值取向呈现出复杂性和层次性的特征。拜金主义、自由主义、利己主义的倾向以及理想信念弱化、道德水准下降、不良社会风气等现象，在一些地区和人群中滋生和蔓延。在变动的年代里，中国之所以能够保持长期稳定发展，文化价值层面的作用不可忽视，中国价值发挥了怎样的作用机理？中国价值能为世界贡献怎样的价值财富？

中国价值回应了价值标准缺失的困境。价值标准是指用来进行道德评价的一类依据。道德评价是指根据一定社会或阶级的道德标准对他人和自己的行为进行评估和判定，通过赞扬或批评，来弘扬正确的道德观念。但进行正确的道德判断的前提是建立起正确的道德判断标准，可这一正确的道德判断标准在当今社会几乎成为不可测知的空谈，难以把握。其根本原因在于，道德的建立倚仗于社会发展模式的稳定持续，但当今社会，传统的优势社会处于较大层面的危机之中，其价值判断标准引起多方的质疑；新兴国家虽然在社会存在方面进步显著，但尚未形成具有普遍意义的价值判断体系。更为可怕的是，处于转型期的各类社会，价值观念正逐渐发生趋向于根本性的错位，传统的道德标准受到其他标准的影响，传统的道德观念日渐崩塌，而新兴的价值观念似乎个个都有其存在和应用的理由。这凸显了中国价值的意义和作用。中国价值继承了中华优秀文化传统，其内在逻辑存在天赋稳定性，历史已经证明了这一点；同时，中国价值建立在改革开放近四十年来中国共产党领导的中国特色社会主义建设时期的伟大实践，具有强烈的时代性。此外，中国价值经过多次实践检验，得到了诸多国家的积极响应与认可。中国价值弥补了价值标准缺失的困境。

　　中国价值保证了价值取向正向稳定。价值取向是某一主体在面对矛盾、冲突时所持的基本价值立场和态度。价值取向直接决定了主体的价值判断与价值选择，它具有直接的实践意义，直接对主体具体的行为倾向起着重大的影响。价值取向能否保证合理化，决定了后续道德判断行为的开展能否顺利有序地进行。但处于变动中的世界，旧有的道德立场处于瓦解过程中，多价值立场并存期出现了诸多社会问题与矛盾。社会的流动转型日渐提高，每个单个个体受到某种道德观念稳定影响的时长和可能性大大降低，人们难以继续维持稳定的道德熏陶环境。同时，随着 20 世纪自由主义在全球范围内的兴起，人们对于个性化的要求与日俱增，道德判断也呈现出"多方向"发展的特点——求异、求新、求特。而中国价值正好适应了价值取向正向稳定发展的需要。因为中国价值产生的文化基础——中华文化本身有着兼收并蓄、自成一体的特征定位，其文化内部组成包含了诸多不同种类的文化因子，故而其自身带有自组织性，在其基础上形成的价值体系也具有系统性。同时，中国价值能够在时代变化中主动汲取更新，进行调控管理。最重要的是，中国价值建立的时代背景能够保证其在发展过程中坚持正确的方向导引，传播正能量。

三、中国价值串联起当代人类命运共同体

　　中华民族自古以来就是热爱和平、捍卫和平的民族，"和为贵"作为民族精神的重要组成部分深深地积淀在中国价值之中。战争深深地影响了中华民族近百年的历史进程，中华民族深切领悟到了战争的深刻苦痛，以至于中华民族打开改革开放的大幕之后，依旧秉持着韬光养晦的价值选择。时至今日，中国已经成为世界发展的重要一极，但仍然是世

界和平的重要维护者。正如习近平所指出的："中华民族是爱好和平的民族。消除战争，实现和平，是近代以后中国人民最迫切、最深厚的愿望。走和平发展道路，是中华民族优秀文化传统的传承和发展，也是中国人民从近代以后的苦难遭遇中得出的必然结论。中国人民对战争带来的苦难有着刻骨铭心的记忆，对和平有着孜孜不倦的追求，十分珍惜和平安定的生活。中国人民怕的就是动荡，求的就是稳定，盼的就是天下太平。"①

正如习近平所言："同心维护和平，为促进共同发展提供安全保障。和平是人民的永恒期望。和平犹如空气和阳光，受益而不觉，失之则难存。没有和平，发展就无从谈起。"②中国价值的追求目标与世界和平的发展方向一直是一种良性的互动关系。中国价值的内涵发展追求和平稳定的国际环境，决定了中国的发展道路必须是和平发展。失去了和平稳定的国家环境，不走和平发展的道路，中国价值就难以实现。

诸多西方媒体和舆论导向秉持了传统的价值逻辑，始终机械地从"国强必霸"的价值追求出发，对中国发展作出了这样的思考与判断：中国价值的内在追求一旦实现，中国就会跟历史上的其他大国一样压制其他国家的发展，限制其他国家的发展道路。对此，习近平给予了明确而响亮的回答："现在，国际上有人担心，中国发展起来后会不会也搞霸权主义、欺负别人。这种担心完全没有必要。中国已经多次向国际社会庄严承诺，中国将坚定不移走和平发展道路，永远不称霸，永远不搞扩张。'君子一言，驷马难追。'我们说话是算数的，实践已经证明中国

---

① 《习近平在中共中央政治局第三次集体学习时强调：更好统筹国内国际两个大局，夯实走和平发展道路的基础》，《人民日报》2013 年 1 月 30 日。

② 习近平：《共同创造亚洲和世界的美好未来——在博鳌亚洲论坛 2013 年年会上的主旨演讲》，《人民日报》2013 年 4 月 8 日。

是说到做到的。我们也希望世界各国都走和平发展道路，共同致力于促进世界和平与发展。"① "中国梦的实现必将推动世界和平而不是危及世界和平，实现中国梦给世界带来的是和平，不是动荡；是机遇，不是威胁。"②

但是需要同时强调的是，中国价值对于和平的内在追求并非一味地委曲求全，乃至于舍弃自己的核心利益。追求和平、维护世界和平是中国价值的重要维度，但从来不代表着中国人民会牺牲国家核心利益、不代表中国人民会成为其他势力的走狗来乞求所谓的"和平"。和平从来不是某一方做出利益让步得来的，退让和妥协换来的"和平"不是真正意义上的和平，只有切实建立在相互平等、相互尊重、相互信任的基础上才能被称为真正的和平。对于这其中的道理，习近平有过透彻的阐述："我们要坚持走和平发展道路，但决不能放弃我们的正当权益，决不能牺牲国家核心利益。任何外国不要指望我们会拿自己的核心利益做交易，不要指望我们会吞下损害我国主权、安全、发展利益的苦果。中国走和平发展的道路，其他国家也都要走和平发展的道路，只有各国都走和平发展的道路，各国才能共同发展，国与国才能和平相处。"③

中国的发展离不开世界，世界的发展也同样离不开中国。中国价值在发展层面的体现，不仅追求中国自身的发展，而且谋求世界各国共同发展，不仅要独善其身，而且要兼济天下。中华民族在历史发展进程中从来都把自己的发展与全世界的发展紧密联系在一起，把中华民族自己的利益诉求与世界共同的利益诉求看成是紧密联系的统一体，在现代化

① 习近平:《在接受金砖国家媒体联合采访时的答问》,《人民日报》2013年3月20日。
② 习近平:《在接受拉美三国媒体联合采访时的答问》,《人民日报》2013年6月1日。
③ 《习近平在中共中央政治局第三次集体学习时强调：更好统筹国内国际两个大局,夯实走和平发展道路的基础》,《人民日报》2013年1月30日。

的历史进程中率先提倡共同发展和共同繁荣的理念，并身体力行，积极参与国际事务，勇于应对全球性挑战，敢于破解人类发展难题。对此，习近平多次强调："中国的发展离不开世界、离不开非洲，世界和非洲的繁荣稳定也需要中国"①，"中国需要联合国，联合国也需要中国……中国将继续大力推动和平解决国际争端，支持联合国推进千年发展目标，愿同各方一道努力，共同应对气候变化等问题，为世界和平、人类进步作出更大贡献"②，"中国的发展离不开世界，世界的发展也需要中国"③。

中国价值为世界各国的发展提供了重要的价值倡导与根本指向。"二战"后，以美国为首的西方发达资本主义国家，凭借其在经济、政治、科技等方面的先发优势与对新兴大众传媒话语权的垄断，大力宣扬西方政治经济模式与民主价值观的优越性和"普世性"，并在世界范围内强行推销。很多发展中国家为了圆自己的民主富强之梦，都曾满怀希望地尝试与移植西方道路与西方模式，但换来的却是一次又一次的失望，不仅没有实现其民主富强的梦想，反而相继陷入了经济落后、政治无序、民生凋敝的困境。仅2013年后的一年多时间内，在西亚地区，埃及的尝试导致国内经济恶化，引发了大规模的社会抗议活动；在东南亚地区，泰国的尝试使自己陷入民主怪圈，导致国内政局动荡；在北美地区，巴西等一些新兴国家的尝试导致了国内经济形势持续恶化，街头运动、社会骚动甚至暴力冲突频发；在欧洲大陆，乌克兰的尝试导致爆发了影响世界的严重危机，至今尚未平息，且有愈演愈烈之势，等等。残酷而严峻的现实迫使人们不得不进行深刻的反思，并把目光转向中国。

---

① 习近平：《永远做可靠朋友和真诚伙伴——在坦桑尼亚尼雷尔国际会议中心的演讲》，《人民日报》2013年3月26日。

② 习近平：《在会见联合国秘书长潘基文时的谈话》，《人民日报》2013年6月20日。

③ 习近平：《携手建设中国—东盟命运共同体——在印度尼西亚国会的演讲》，《人民日报》2013年10月4日。

中华民族为了实现中国价值所付出的价值实践取得了举世瞩目的成绩，吸引了越来越多的国家和民族成为中国价值的学习者。中共中央对外联络部副部长郭业洲曾提到，中国人民有一个耳熟能详的反腐败口号，叫"老虎苍蝇一起打"。在与外国政党交流时，讲到中共反腐倡廉的故事，对方感到很受启发。这些外国政党听到"老虎苍蝇一起打"之后很感兴趣，但因为文化的不同，有些国家改成了"大鱼小鱼一起抓"。过去几年间，中国积极参与全球治理体系建设，推动国际秩序和全球治理体系向更为公正合理的方向发展；提出创新、协调、绿色、开放、共享的新发展理念，为其他国家和人民谋求发展提供了可资借鉴的思想资源；"一带一路""构建人类命运共同体""共商、共建、共享"先后被写入联合国决议，体现了世界各国对于中国价值的深刻认同。

值得一提的是，和西方发达资本主义国家在历史上有过的作为并不相同，中国坦承自己的价值体系建立在中国自己的历史实践过程基础上，具有中国特色的文化背景，并且自身一直处于不断完善的过程之中，不是西方所设定的"普世价值"，中国承认他国不能盲目复刻中国价值，不能仓促移植、简单效仿、盲目抄袭中国的价值体系，并且延伸出中国特色社会主义的发展道路，并强调世界上不存在任何一种放之四海而皆准的、可以直接复刻的发展道路。中国价值可以为各国的发展提供各个方面的思考路径与形成机制，但各个国家应该紧密结合本国特定的文化背景与实践经验，必须根据自身的独特条件与时代的风云变化，在每一段历史背景中总结、归纳、形成本国本民族的价值体系。

早在先秦时期，我国古代贤哲就明确提出了"和而不同"的思想，倡导不同的要素通过相互之间的作用、补充、合作而达至"和"的状态。中国人民传承了先辈们的合作精神，坚决摒弃零和博弈战略，大力倡导合作共赢理念，将合作共赢作为中国价值的重要价值取向与对外交往的重要战略。对此，习近平明确指出："中国人自古就主张和而不同。我们希望，国与国之间、不同文明之间能够平等交流、相互借鉴、共同进步，各国人民都能够共享世界经济科技发展的成果，各国人民的意愿都能够得到尊重，各国能够齐心协力推动建设持久和平、共同繁荣的和谐世界。"①"国家无论大小、强弱、贫富，都应该做和平的维护者和促进者，不能这边搭台、那边拆台，而应该相互补台、好戏连台。国际社会应该倡导综合安全、共同安全、合作安全的理念，使我们的地球村成为共谋发展的大舞台，而不是相互角逐的竞技场，更不能为一己之私把一个地区乃至世界搞乱。"②

　　合作共赢需要合作各方积极主动地担当起合作的道义与责任。西方价值观倡导自由主义、功利主义，因此，一些西方国家在国际交往与国际事务中往往过于强调本国的利益而忽视国际合作的道义与责任。而中华民族自古以来就把道义看得比生命还重要，大力倡导"以义制利"的精神，如孔子倡导"见利思义"（《论语·宪问》），强调"富与贵，是人之所欲也，不以其道得之，不处也；贫与贱，是人之所恶也，不以其道得之，则不去也"（《论语·里仁》）、"不义而富且贵，于我如浮云"（《论语·述而》）、"君子喻于义，小人喻于利"（《论语·八佾》）；孟子强调："非其道，则一箪食不可受于人"（《孟子·滕文公下》）、"生，亦我所欲也；义，亦我所欲也。二者不可得兼，舍生而取义者也"（《孟子·告子上》）；荀子倡导"义之所在，不倾于权，不顾其利，举国而与之不为改视，重死、持义而不挠"（《荀子·荣辱》）的"士君子"风范，要求人们在道德实践中应该做到"见其可欲也，则必前后虑其可恶也

---

　　① 习近平：《在接受金砖国家媒体联合采访时的答问》，《人民日报》2013年3月20日。
　　② 习近平：《共同创造亚洲和世界的美好未来——在博鳌亚洲论坛2013年年会上的主旨演讲》，《人民日报》2013年4月8日。

者；见其可利也，则必前后虑其可害也者"（《荀子·不苟》）、"畏患而不避义死"（《荀子·修身》）。中国人民将先贤们的"以义制利"精神运用于国际合作领域。

每个国家和民族都有自己的价值追求，虽然价值追求的内容各有不同，但价值的内核却能穿越时空的阻隔与政治、文化的隔阂。中国价值与世界各国人民的美好梦想是相通的，中国价值既不会损害、更不会威胁他国实现自己发展目标做出的价值选择。中国愿与世界各国一道通过精诚合作而实现共赢，共同前行于圆梦的路上。合作共赢是中国价值的重要精神内质，习近平多次利用各种外交场合，反复阐明了中国价值与"非洲梦""拉美梦""美国梦""东盟梦""世界各国人民的美好梦"是相通的："中非虽然远隔重洋，但我们的心是相通的。联接我们的不仅是深厚的传统友谊、密切的利益纽带，还有我们各自的梦想"，"13亿多中国人民正致力于实现中华民族伟大复兴的中国梦，10亿多非洲人民正致力于实现联合自强、发展振兴的非洲梦。中非人民要加强团结合作、加强相互支持和帮助，努力实现我们各自的梦想。我们还要同国际社会一道，推动实现持久和平、共同繁荣的世界梦，为人类和平与发展的崇高事业作出新的更大的贡献"。①"中国和拉美虽然远隔重洋，但我们的心是相通的。联结我们的不仅是深厚传统的友谊、密切利益的纽带，还有我们对美好梦想的共同追求。……中国愿同拉美和加勒比各国紧密团结、相互支持、真诚合作，在通往发展繁荣的美好梦想的道路上携手共进。"②"中国梦要实现国家富强、民族复兴、人民幸福，是和平、发展、合作、共赢的梦，与包括美国梦在内的世界各国人民的美好

---

① 习近平：《永远做可靠朋友和真诚伙伴——在坦桑尼亚尼雷尔国际会议中心的演讲》，《人民日报》2013年3月26日。

② 习近平：《在接受拉美三国媒体联合采访时的答问》，《人民日报》2013年6月1日。

梦想相通。"①"中国梦同东盟各国寻求国家发展振兴、人民富裕幸福的追求和梦想息息相通，中国愿同东盟各国在实现理想的道路上携手并肩、心心相印、互帮互助，发挥各自优势，挖掘合作潜力，实现互利共赢。"②"中国梦与中国人民追求美好生活的梦想是相连的，也是与各国人民追求和平与发展的美好梦想是相通的。"③

中国不仅是合作共赢的积极倡导者，更是合作共赢的坚定践行者。在金融危机的紧要关头，中国坚决反对"以邻为壑""落井下石"，大力倡导"同舟共济""与人为善""雪中送炭"。据统计，仅 2012 年中国对全球 141 个国家和地区的 4425 家企业的非金融类直接投资总额就达772.2 亿美元。④在世界安全方面，中国与联合国、八国集团、七十七国集团等国际组织保持密切联系和通力合作，坚定支持国际维和行动，近年来共派出 2 万多名维和人员，参与了 30 多项联合国维和行动。在外交方面，中国先后与美国、欧盟、俄罗斯等加强战略对话，积极推动新型大国关系的建立；不断增强与广大发展中国家的相互信任、团结合作。中国人民正在中国价值的引领下，大力彰显负责任大国形象，积极推动国际合作共赢局面的形成。

① 习近平:《在同美国总统奥巴马共同会见记者时的讲话》,《人民日报》2013 年 6 月9 日。

② 习近平:《在接受印度尼西亚和马来西亚媒体联合采访时的答问》,《人民日报》2013 年 10 月 3 日。

③ 习近平:《在会见 21 世纪理事会北京会议外方代表时的谈话》,《人民日报》2013 年 11 月 3 日。

④ 徐惠喜:《成就"中国梦"是世界的重大利好》,《经济日报》2013 年 4 月 8 日。

第三章

中国智慧润泽世界

中国共产党第十九次全国代表大会上，习近平掷地有声地指出："中国特色社会主义道路、理论、制度、文化不断发展，拓展了发展中国家走向现代化的途径，给世界上那些既希望加快发展又希望保持自身独立性的国家和民族提供了全新选择，为解决人类问题贡献了中国智慧和中国方案。"[①]

"智慧"一词最早出自《墨子·尚贤中》："若此之使治国家，则此使不智慧者治国家也，国家之乱，既可得而知已。"同时，"智慧"也是一个佛教用语，意为超越世俗认识，达到把握真理的能力。

中国智慧与世界智慧高度关联，二者的关系用滋养、润泽等词语形容更为贴切。习近平强调："时代需要大格局，大格局需要大智慧。"中国智慧扎根中国千年文化传统，在历史长河中保持着开放包容的发展特点，这一特点也是推动我国思想文化发展的动力之一。中国通过实践总结经验，发挥政治智慧、经济智慧和文化智慧，建立中国特色社会主义制度，创造性地把马克思主义哲学的世界观、方法论与中国传统的文化智慧、中国化马克思主义的矛盾法则相结合，彰显出中国智慧的时代内涵和理论特征。

---

① 习近平：《决胜全面建成小康社会 夺取新时代中国特色社会主义伟大胜利——在中国共产党第十九次全国代表大会上的报告》，《人民日报》2017 年 10 月 28 日。

第一节　中国智慧为世界文明提供新境界

党的十八大以来的五年，是党和国家发展进程中极不平凡的五年。面对世界经济复苏乏力、局部冲突和动荡频发、全球性问题加剧的外部环境，面对我国经济发展进入新常态等一系列深刻变化，我们坚持稳中求进的工作总基调，迎难而上，开拓进取，取得了改革开放和社会主义现代化建设的历史性成就。① 国外各大媒体对中国的评论中，肯定的声音渐渐多了起来，但是不免还是有一些批评和妄议。

2017 年 11 月 13 日发售的美国《时代》周刊，封面上用中英两种语言写着大大的 "China won"（中国赢了），并且据封面文章作者 Ian Bremmer 介绍，这是《时代》周刊封面上第一次出现两种语言。

在正式发售的 5 天前，《时代》周刊就已经在社交平台上公布了杂志封面的设计。11 月 7 日正是美国总统特朗普亚洲之行中国站的前一天，时间的巧合让人不得不思考这其中是否有特别的用意。早前白宫幕僚长约翰·凯利在接受福克斯新闻采访时坦言："中国是一个强国……中国的政府体系适用于服务中国人民"；此次《时代》周刊的封面设计采用中英双语，刊登详细地介绍中国经济情况的文章；同期，美国总统特朗普访华，美国各方面虽然不甚情愿，但还是逐渐在承认中国近年来发展取得的巨大成果。几乎是同时，德国在 11 月 11 日刊印的《明镜周刊》中也采用了题为《觉醒的巨人》——一篇从各个领域详细地介绍中国的文章，作为封面文章，并且设计了印有中文汉语拼音 "xing lai !"（"醒来！"）的红色特别封面。这篇文章长达 9 页，从各个领域介绍了中国

---

① 习近平：《决胜全面建成小康社会　夺取新时代中国特色社会主义伟大胜利——在中国共产党第十九次全国代表大会上的报告》，《人民日报》2017 年 10 月 28 日。

的基本情况，肯定了中国近年来在政治、经济、文化等各个方面取得的一些成就，但其中也掺杂着一些"中国威胁论"的杂音。

一、西方"普世价值"没有普世意义

当今世界，杂音四起。但是，无论是哪种声音，中国都应该自信面对。党的十八大以来我国取得的巨大成就是不可否认的，这些成就不会因为外媒妄自揣测而失去原本的色彩；对于尚待解决的问题，党和政府也在积极寻找解决办法，全面深化改革，破除各方面体制机制弊端，这一点也是不会因为外媒的声音而动摇的。

外媒之所以会有这样的声音出现，一方面是西方发达资本主义国家在长期的实践后开始意识到：他们所推崇的"普世价值"其实没有那么"普世"。从理论层面来看，"普世价值"是西方的核心价值观，扎根于抽象人性论，支撑这一论断的最著名的人物是法国学者蒲鲁东。蒲鲁东等人认为人生来就具有人性，人性是恒久的、静止的，并且是高度统一的，蒲鲁东认为："人性可变的假定不但在历史上找不到例证，而且直到现在还无迹可寻，它不过是一种连为它辩护的人也并不理解的幻想，一种对进步的反动，一种对经济科学上最可靠规律的否定。"[1]他们将资本主义制度下具体的人的诉求上升到一切人的诉求的高度，概括为具有普世意义的人性需要，塑造了充满唯心主义色彩的"普世价值"概念。确实，在资本主义突破封建社会束缚的时候，资本按照自己不断打破旧有限制的这种趋势，破坏这一切并使之不断革命化，摧毁一切阻碍发展生产力、扩大需要、使生产多样化、利用和交换自然力量和精神力

---

① 《马克思恩格斯选集》第 1 卷，人民出版社 2012 年版，第 172—173 页。

量的限制。但是，绝不能因为这样就得出结论说，资本已在实际上克服了限制，这样概括超越了事实本身。并且，因为每一个这样的限制都是同资本的使命相矛盾的，所以资本的生产是在矛盾中运动的，这些矛盾不断地被克服，但又不断地产生出来。马克思曾一语道破资本的限制性："资本的生产是在矛盾中运动的，这些矛盾不断被克服，但又不断产生出来。资本不可遏止地追求的普遍性，在资本的性质上遇到限制。"①"普世价值"本质上是具有资产阶级特性、反映资本主义社会现实的人性诉求，具有相当大的局限性。

从实践层面来看，普世价值俨然被以美国为首的西方国家当作对包括中国在内的社会主义国家进行"分化"和"西化"的精神武器。他们高高举着"普世价值"的大旗，高喊人权、自由的口号，与丑陋的利益政客一起招摇撞骗，虽然早已碰得头破血流，但还是贼心不死，伺机反扑。实际上，甚至在反对恐怖主义这样的问题上，他们的判断标准都是双重的：对自己有害的就是恐怖主义，对自己有利对别人有害的就不是恐怖主义。这样的双重标准势必是行不通的，甚至会搬起石头砸自己的脚，这一点美国应该是有着深刻教训的。比如美国曾利用"基地"组织对抗入侵阿富汗的苏联，结果自己深受"基地"组织恐怖袭击的危害，"9·11"事件或许已经成为当代美国人最深的伤痕；它曾武装逊尼派以制衡伊朗与叙利亚政权，结果援助的武器最终成了恐怖组织袭击美国时使用的军火。因此，西方的所谓"普世价值"就是他们的"遮羞布"，并不具备他们所宣扬的"普世性"，其欺骗性是昭然若揭的。

另外是中国尽管在西方"普世价值"的频频"淫威"下，在世界经济乏力、原有国际秩序遭到挑战的情形下，还是实现了自身发展的巨

---

① 《马克思恩格斯选集》第 2 卷，人民出版社 2012 年版，第 716 页。

大飞跃。经济上，进一步改革社会主义市场经济体制，打破阻碍经济发展的壁垒，让我国经济在世界经济普遍处于萧条的时候仍然保持活力；政治上，深化政治体制改革，破除体制障碍，没有如同西方学者预测的那样，说我们必定要彻底地改变制度才能真正走上世界舞台的中央，给其他发展中国家走上现代化提供了全新的思路；文化上，加强文化软实力建设，中国优秀传统文化焕发了新的时代色彩；外交上，"和合"思想为中心的外交理念突破了零和博弈的局面，我国积极参与改革创新全球治理体系，在构建国际政治经济新秩序的过程中发挥着越来越重要的作用。西方有些媒体更加清晰地看到了中国的成就，同时也更加不安，所以，就杜撰出所谓"中国威胁论"这样的护身符。

二、中国"和合"思想突破零和博弈

中华民族是一个爱好和平的民族，这个民族的特性自古就存在，不论是"协和万邦"还是兵家的"上伐其谋，下伐其兵"，都展现了中华民族热爱和平的文化基因。新中国成立以来，从最初的和平共处五项原则，到现在的人类命运共同体，"和"思想贯穿我国外交事业的全过程，奠定了我国对外战略的文化基调。

"和"音 hé，作为连词，意思是"与"，也可作动词，表示应和或搅和，也表示连通；作为形容词，是指不同事物或方面的相互关系都令人满意的一种状态。康熙字典中对"和"的解释是"顺也，谐也，不坚不柔也""协和万邦""发而皆中节，谓之和"。"和"是社会学和美学尤其是中国哲学的重要概念。《广韵》言"和"为：顺也，谐也，不坚不柔也。《新书·道术》中这样解释"和"：刚柔得适谓之和。可见"和"在汉语语境中是一个充满智慧、高度符合美学标准的概念，是处理人与人、人与自然关系的最高准则，是注重"度"的考量的中国人最佳的状态。"和"与"中"也常一起构成中国哲学的概念，"发而皆中节，谓之和。中也者，天下之大本也；和也者，天下之达道也。致中和，天地位焉，万物育焉。"（《中庸》第一章）意思是：喜怒哀乐没有表现出来的时候，称为"中"；表现出来以后符合常理，称为"和"。"中"是天下的根本；"和"是贯通天下的原则。达到"中和"的境地，天地便各在其位了，万物便生长发育了。"合"也有相似的意思，指运动时身体每一处完美配合、协调一致，各肢体间的相对位置恰到好处的状态。"和合"也是一个重要的哲学范畴，并且千年来应用于中医药领域。

春秋末年到战国时期，诸子百家兴起，各派学术争鸣，各个学派的思想或多或少都吸收和借鉴了"和"思想。"和"的哲学在儒、道两家的思想中得到尤为深刻的体现。孔子曰："君子和而不同，小人同而不和"，将人与人的关系用"和"的思想阐述得淋漓尽致。进一步探索这句话关于"和"的表述，有两层递进的意思，第一层看重人与人之间的和谐关系，虽"不同"但能和谐相处，接纳不同的观点；第二层看重对自身原则的保持，"和"但"不同"，不强调一致性，强调包容性，同时也强调"礼义"对"和"的约束前提。这两层含义阐释了儒家学派在人际关系问题上的核心观点，表现了儒学的智慧。不同于入世的儒学，出世的道学用"和"思想描述人与自然的关系，"阴阳调和"被认为是万物生长的根本，是人与自然相处的最好状态。

在其后几千年的发展中，虽然儒学逐渐成为主导，但是本着"和"思想的核心，各派思想趋于融合，儒学自身也在不断发展，吸收了道家、法家学派处理人与自然关系的观点，新儒学更是扎根儒学吸收各家之长。"和"思想贯穿始终，有效避免了儒学的僵化。

1954 年，甲午战争之后第一个甲午年，刚刚摆脱战争、赢得独立不久的中国，坚定地提出了"和平共处五项原则"。近代以来饱受战火摧残、屈辱入侵的中国，深刻地明白和平的重要性，也深刻地明白独立自主对一个国家的重要性。平等独立是长期被压迫的中国民众一直所追求的目标，最初的《中国人民政治协商会议共同纲领》有多条规定已经包含了和平共处五项原则的精髓。第 54 条规定："中华人民共和国外交政策的原则，为保障本国独立、自由和领土主权的完整，拥护国际的持久和平和各国人民间的友好合作，反对帝国主义的侵略政策和战争政策"，第 56 条规定："凡与国民党反动派断绝关系、并对中华人民共和国采取友好态度的外国政府，中华人民共和国中央人民政府可在平等、互利及互相尊重领土主权的基础上，与之谈判，建立外交关系"，第 57 条规定："中华人民共和国可在平等和互利的基础上，与各外国的政府和人民恢复并发展通商贸易关系"。为了发展与不同类型国家之间的关系，中国基于自身的文化传统，确立了兼容并蓄的指导方针，表达了中国这个东方大国在认真体味自身的历史与文化、苦难与艰辛、光荣与梦想的基础上，在反复考量国际关系与国际法的核心特征、总体格局和基本潮流的基础上，提出了开展国际交往的基本方针和战略方向、提出了国际法的核心架构，这意味着中国的周边外交、国际形象展开了新的一页，意味着中国对于国际法提出了自己的话语，在国际体系中确立了自己的道路。①

和平共处五项原则强调了三个重要理念：第一个是国家的独立自主，第二个是平等，第三个是互利。无论是大国还是小国，在国际法面前都应该是平等的，国际法保障各个国家的主权不被侵犯，这是中国立场，更应是整个国际秩序的基调。中国清楚地认识到各国应是和谐共生

① 何志鹏、孙璐：《大国之路的国际法奠基——和平共处五项原则的意义探究》，《法商研究》2014 年第 4 期。

的关系，霸权主义维持的不健康、不对等的国际关系会被逐渐淘汰。中国在与他国的经济合作中，追求双方的共同获利、协调发展。长期坚持并努力纠正全球不平等，是中国对自身在国际社会中的仔细定位，在原有国际外交局面中开辟了中国道路，贡献了中国智慧。20世纪70年代，中国政府对于和平共处五项原则进行了新的拓展解释，这种建立在平等互利基础上的国际合作，如避免国际经济秩序中的"马太效应"、追求互利共赢实际上是超越狭隘和相对收益的"零和博弈"思维的体现。

中国国家主席习近平在2016年新年贺词中指出："世界那么大，问题那么多，国际社会期待听到中国声音、看到中国方案，中国不能缺席。"① 习近平正确认识国际发展大势，全面阐述新型国际关系，推动打造"人类命运共同体"。这是中国对"中国到底想要一个什么样的世界"，或"什么是中国的世界梦"等问题的回答。之后习近平在多个重要国际会议的讲话中多次提到"命运共同体"这个概念，向世界宣誓：在新的历史起点上，我国将站在不同于原有国际合作原则的立场上观大势、谋大事，坚持和平共处，承诺绝不称霸，积极倡导构建以合作共赢为核心价值观的"人类命运共同体"。这一倡议有根本的立足点，人类共处一个地球，我们也只有一个地球，各国在同一个世界共同发展，这是无法撼动的基本事实，认识到这个事实，也就能够明白只有和谐共生才符合各国人民最根本和最长远的利益，才能跟紧时代潮流，把握正确方向。

不论是"和平共处五项原则"，还是"人类命运共同体"，中国的外交政策处处体现着"和"思想的核心，追求刚柔得适，把握各个方面的平衡。"和"思想蕴含的中国智慧为推进建立新型国际关系、打破"零和博弈"提出了中国道路。我们承认利益是国际交往的根本原则，这也

---

① 习近平：《国家主席习近平发表二〇一六年新年贺词》，新华网，2015年12月31日。

是不会被动摇的事实，但是在各国单纯的自身利益之上，还存在着不能被忽视、不能被否认的全人类共同利益，共同利益与各国的利益是不冲突的，即使有时候为了维护共同利益无法达到眼前利益的最大化，但是维护共同利益会给各国带来不可估量的长远利益，在此层面上来说，维护共同利益就是维护各国的根本利益。新时代中国站在新的高度用全新的视角参与全球治理，同时也始终在贯彻着中华民族优秀的思想内涵，新的时代很多东西变了，但也有一些东西我们始终在坚持着，从未改变。

三、中国智慧符合人类社会普遍规律

相较于西方宣扬的"普世价值"，中国智慧更具有包容性，显现出更强大的生命力和更深厚的底蕴，为世界提供了一种更沉稳的力量。中国智慧是时代性、科学性与人民性的高度统一，是逻辑与历史的统一，也是传承与创新的统一。

马克思曾在《政治经济学批判》中对资本主义的发展做出分析和预测，他说道："资本不可遏止地追求的普遍性，在资本本身的性质上遇到了限制，这些限制在资本发展到一定阶段时，会使人们认识到资本本身就是这种趋势的最大限制，因而驱使人们利用资本本身来消灭资本。"[①]资本主义社会必然具有资本主义特征，在发展到一定阶段时会被自身的特征限制，从而被资本自身所创造的力量毁灭，取而代之的是社会主义制度。马克思、恩格斯也对未来的社会主义社会做了一定的构想，他们认为社会主义制度主要有以下几个特征：第一是私有制被消

---

① 《马克思恩格斯选集》第 2 卷，人民出版社 2012 年版，第 716 页。

灭；第二是国家界限自动消亡；第三是实现人的全面自由发展。虽然做出了一定的构想，但是马克思、恩格斯并没有对社会主义制度的细节做出预设，他们坚持认为社会主义制度也像其他一切社会制度一样，是在不断变革和发展的。

中国特色社会主义制度虽然同马克思、恩格斯对社会主义制度的构想不完全相同，但是中国特色社会主义坚持了马克思主义哲学的基本观点，将马克思主义哲学作为灵魂和精髓，马克思主义哲学深刻地揭示了自然界、人类社会和人类思维发展的普遍规律，为人类社会发展指明了方向。这种灵魂和精髓贯穿了中国共产党执政的全过程。我党始终坚持马克思主义基本原理为指导，科学执政、民主执政、依法执政，坚持以人为本的核心立场，坚定地同马克思主义的价值取向保持一致，不断深化对社会主义建设规律、共产党执政规律、人类社会发展规律的认识。

马克思主义理论为中国特色社会主义制度提供了科学的理论指导，是中国智慧灵魂的一部分。深刻体现了中国智慧的科学性，是马克思主义逻辑方法的体现。

中国特色社会主义制度经历了一个探索与发展的过程。早期我们学习苏联建设社会主义的经验，在探索初期取得了一定的成效，我国社会主义制度建设、工业化建设取得了举世瞩目的成就。后来由于国际环境的变化、苏联对自身发展水平的认识以及对社会主义制度的认识等一系列因素的影响，苏联的社会主义制度走向僵化。我国学习苏联模式进行社会主义建设，对自身情况认识不足，对马克思主义也产生了教条主义、形式主义的误解，走了不少的弯路。

如今的中国特色社会主义，是经过长期的探索、经历了无数曲折，总结了大量经验与教训，基本摒弃了苏联制度的消极方面的产物。我国的社会主义制度从建立到探索，途中经历曲折，随后又正确把握方向的发展过程，正是波浪式前进和螺旋式上升的发展过程，符合人类社会发展的普遍规律。

党和政府正确认识到我国的现实条件，正确认识到社会的主要矛盾，顺应时代潮流，推进改革开放，及时把握时代进步的机遇。具有强烈的时代使命、问题意识，体现了中国智慧的时代性和历史性。

宪法是国家的根本大法，是治国安邦的总章程，我国宪法明确规定："中华人民共和国是工人阶级领导的以工农联盟为基础的人民民主专政的社会主义国家。""中华人民共和国的一切权力属于人民，人民行使权力的机关是全国人民代表大会和地方各级人民代表大会。全国人民代表大会、地方各级人民代表大会和其他国家机关，一律实行民主集中制。"从根本上保证了我国的民主，也体现了我国民主的广泛性和实质性。

同时，我国的社会主义制度代表最广大人民的根本利益，党和政府坚持全心全意为人民服务的宗旨。在我国建设社会主义的过程中，中国共产党坚持和发展了马克思主义关于人民利益至上的理念，并且从实践和理论两个维度深刻贯彻发展了这一理念。

改革开放以来，党和国家领导人高度重视人民的利益，以共同富裕为最高目标和社会主义的本质核心内容，有计划、有目的、有组织、有技术地提升生产力水平，以满足人民日益提高的物质文化需求，为人民提供良好的物质文化条件。党的十八大提出了对科学发展观的要求。指出："必须更加自觉地把以人为本作为深入贯彻落实科学发展观的核心立场，始终把实现好、维护好、发展好最广大人民根本利益作为党和国家一切工作的出发点和落脚点。"[1]充分体现了以人为本的核心立场。在

---

[1] 《中国共产党第十八次全国代表大会文件汇编》，人民出版社 2012 年版，第 8 页。

追求经济全面健康发展的同时，重视人的全面健康发展。2012 年 11 月
5 日，新一届中央领导集体首次亮相时，习近平指出："人民对美好生活
的向往，就是我们的奋斗目标。"党的十九大明确了我国现阶段的主要
矛盾已经转化为人民日益增长的美好生活需要和不平衡不充分的发展之
间的矛盾。人民的主体地位越来越突出，党和国家贯彻全心全意为人民
服务的宗旨，深刻体现了中国智慧的人民性。

第二节　中国智慧为世界各国提供新动能

党的十九大强调："全党要更加自觉地增强道路自信、理论自信、
制度自信、文化自信，既不走封闭僵化的老路，也不走改旗易帜的邪
路，保持政治定力，坚持实干兴邦，始终坚持和发展中国特色社会
主义。"①

中国特色社会主义制度是中国智慧的实践成果，具有独特的优越
性，为世界各国的发展，尤其是发展中国家的发展提供了新动能。中国
特色社会主义政治制度充分体现了我国国体与政体的先进性、优越性、
稳定性和可持续性。中国特色社会主义市场经济制度凸显了我国经济模
式的活力与强大生命力。

中国特色社会主义制度是一个完整的、系统的有机整体，是符合中
国国情的社会制度，为我国一切社会发展提供了强有力的制度保障。

中国特色社会主义制度有着极强的生命力，其中一个主要表现是社
会主义制度的自我完善和自我发展。为适应时代发展和社会要求，解决

---

① 习近平：《决胜全面建成小康社会　夺取新时代中国特色社会主义伟大胜利——在
中国共产党第十九次全国代表大会上的报告》，《人民日报》2017 年 10 月 28 日。

内部矛盾，我国自 20 世纪 70 年代末起开始实行改革开放，深刻改变了中国的发展方向。改革推进了我国制度的完善，同时，随着改革进程的推进，改革自身也进入深水区。近四十年来，改革开放取得了巨大成果，在完善我国政治制度、经济制度上更是贡献斐然，中国特色社会主义制度已经是一个成体系、可借鉴的制度体系，理论基础扎实、实践经验丰富。

中国特色社会主义制度的优越性同生命力结合在一起，相互促进、相互成就，深刻诠释了中国的制度智慧，为世界各国提供了发展的新动能、新思路。

一、政治智慧运筹国际大棋局

中国特色社会主义政治制度自信首先来自于社会主义制度的优越性。社会主义制度是建立在马克思主义理论的三个组成部分之———科学社会主义理论的基础上的。科学社会主义理论正确揭示了人类社会发展的普遍规律，并且从理论论证和经过实践检验两个方面不断完善自身，作为中国社会主义建设的理论基础，具有理论优势。其次，我国宪法第一条规定："中华人民共和国是工人阶级领导的、以工农联盟为基础的人民民主专政的社会主义国家。"第二条规定："中华人民共和国的一切权力属于人民。人民行使国家权力的机关是全国人民代表大会和地方各级人民代表大会。人民依照法律规定，通过各种途径和形式，管理国家事务，管理经济和文化事业，管理社会事务。"[①] 以国家根本大法的形式保障了我国最广大人民是国家的主人，人民代表大会制度是直接

---

① 《中华人民共和国宪法》，中国法制出版社 2014 年版，第 1 页。

的、彻底的、充分的民主，这充分凸显了我国的制度优势。

随着我国社会主义制度建设成效的显现，中国政治制度对世界政治的影响力逐渐扩大，各国对中国特色社会主义制度的关注度不断提高。起初外媒普遍不看好中国政治制度，认为中国必定要经历一次彻底的制度变革才能乐观发展。但随着十八大以来中国特色社会主义制度建设取得的巨大成效，外媒的质疑声小了起来，由怀疑到基本肯定了中国经济政治建设的成果。要明确的是，中国全面深化改革找的是与制度相匹配的现实模式，而不是所谓的"全盘西化"。

中国建立社会主义制度的时代背景和条件与马克思恩格斯最初的描述和构想截然不同，当时的中国是刚刚脱离半殖民地半封建社会赢得独立的落后农业国，与高度发展的资本主义这一条件相去甚远。但是这并不意味着中国不能走社会主义道路。中国走上社会主义道路是"历史合力"的作用结果，是一种必然。经过初期的探索和曲折，中国共产党找到了适合中国自己的发展道路，通过一系列改革，逐渐建立和完善了中国特色社会主义制度。实际上，这个过程与马克思主义哲学的基本理论是高度统一的。事实上，马克思主义理论本身绝不是静止的，而是不断发展的，中国的实践经验、理论经验推动了马克思主义理论的丰富和发展。中国政治制度建设的成功经验对世界其他社会主义国家有着极大的借鉴意义和激励价值。

二、经济智慧激发世界新活力

不可否认，在中国社会主义经济制度建立初期，由于受苏联影响，实行高度集中的计划经济，将马克思主义理论中对于社会主义社会的表述直接运用到现实中来，虽然为我国工业化发展奠定了一定的基础，但是因为脱离实际，不可避免地走上了僵化的道路。

随着社会发展的要求，改革开放成为大势所趋。1992年中共十四大明确提出进行经济体制改革，也就是建立社会主义市场经济体制，逐渐将市场经济与计划经济结合，并最终确定市场的决定性作用。社会主义市场经济有两个方面的内涵：第一，市场经济不是资本主义体制的特权，任何国家都可以用其恰当的形式推动该国经济发展；第二，不论是计划还是市场都只是发展经济的手段，在面对经济发展过程中复杂的问题时常常需要将两者结合起来，共同解决，二者有各自的优缺点和适用情况。

我国将计划经济与市场经济有机结合，兼顾社会主义制度优势和市场调控优势，推动我国经济健康、持续地发展。

制造业是国民经济的主体，是立国之本、兴国之器、强国之基。众所周知我国是制造大国，我国国民的脚步遍及全球，"made in China"的标志也几乎遍及了全球每一个角落，中国制造业的产品融入各国人民生活的方方面面，从简单轻巧的日用品，到复杂庞大的工程机械，"中国制造"造福世界。

"十二五"以来，我国制造业稳步发展，综合实力和国际竞争力显著增强，稳居世界第一制造大国之位。但也应看到，我国制造业大而不强，自主创新能力弱，产业结构不合理，信息化水平不高，能源资源利用效率低，企业全球化经营能力不足，与先进国家相比还有较大差距。

党的十八届五中全会通过的《中共中央关于制定国民经济和社会发展第十三个五年规划的建议》（以下简称《建议》）明确指出，加快建设制造强国，实施《中国制造2025》。这是党中央站在增强我国综合国力和国际竞争力、保障国家安全和民族复兴的战略高度作出的重大战略决策。党的十八届五中全会还提出了"创新、协调、绿色、开放、共享"的五大发展理念。[1]

从"中国制造"到"中国智造",是对我国进一步提高工业化水平的明确要求,重点关注中国工业化发展的质量,调整产业结构,产业迈向中高端水平。这一重大战略部署,体现了党中央对制造业战略定位的新认识和重视实体经济、加快转变经济发展方式、培育发展新动力的坚定决心。

建设制造强国,是我国应对新一轮信息技术革命的举措。当前,新一轮科技革命和产业变革蓄势待发,特别是新一代信息通信技术与制造业深度融合,正在引发影响深远的产业调整,形成新的生产方式、产业形态、商业模式和经济增长点。发达国家纷纷实施"再工业化"战略,试图重塑制造业竞争优势。中国提出建设制造强国意在抓住全球产业再分工的机遇,跟紧新一轮科技革命的时代浪潮,加快谋划和布局,谋求新一轮竞争中的有利位置,是中国面对全球产业竞争格局的新调整和抢占未来产业竞争制高点的新挑战,所进行的具有前瞻性的部署和主动应对。

如今,我国推进"中国制造"向"中国智造"转变的建设已经颇有成效。据中华人民共和国国家统计局数据显示,我国的专利申请受理数在 2015—2016 年呈井喷式上涨,全国的专利申请受理数由 2015 年的 2798500 项增加到 2016 年的 3464824 项,同时,2015—2016 年专利申请授权数也有一定幅度的增加。专利申请授权数由 2015 年的 1718192 项上升到了 2016 年的 1753763 项。[2]

中国建设制造强国,推进"中国制造"向"中国智造"转变,是为

---

[1] 党的十八届五中全会:《中共中央关于制定国民经济和社会发展第十三个五年规划的建议》。

[2] 数据来源:中华人民共和国国家统计局。

了推进世界经济发展，尤其是为中高端产业发展提供更多中国智慧、中国技术，更是为了给世界生态文明建设作出贡献。我国正在加速推进能源消费结构转变，促进制造业节能减排，坚持五大发展理念，为世界经济发展做出可持续、健康发展的范式。

三、文化智慧具有持久生命力

中华文化源远流长、博大精深，在数千年的历史长河中，涌现的优秀作品已然多如繁星，不论是文学、思想、医药还是科学技术，我们都曾长期处于世界领先水平。中国智慧扎根于中华上下五千年的悠长历史中。数千年来中华文化经历了国力的兴衰起伏，跌宕与沉淀，成为中国智慧富有特点、绚丽多彩的基调。

文明的传播经历了很多种形式，比如实物的形式传播，像陶瓷、丝绸、漆器等器物。还有关于技术的传播，像造纸术、火药、印刷术、冶炼技术等，还有伴随着书籍的传播而名扬海外的以儒家思想为代表的中国传统文化。

中华文明对外传播最初的、也是最有代表性的载体便是各种制作精良、富有中国特色的器物了。其中最有代表性的便是"丝绸之路"名称的由来——丝绸。中国是世界上最早发明养蚕织丝的国家，到汉代，我国就能生产出各种精美的丝织品。隋唐时，中国丝绸的西传达到高潮，中国丝绸也不断通过"海上丝绸之路""陆上丝绸之路"运往世界各地，成为各个国家贵族阶级的宠儿。古罗马作家曾赞誉中国丝绸"色彩像鲜花一样美丽。质料像蛛丝一样纤细"，阿拉伯的《古兰经》曾记载："中国的丝绸是天国的衣料。"罗马的上流社会尤其喜欢中国的丝绸。同时，我国输出的不仅仅是丝绸制品，中国的大国气度，加上中国人开放、包容乐于分享的性格，随着丝绸传播到世界各地。除了丝绸，瓷器、茶叶、漆器、中国画、中式家具等也深受各国贵族阶级宠爱。

除了精美的器物，中国古代多个领域的科学技术也走在世界前列，中国先进的冶金技术通过丝绸之路传入西域各个国家，使西域大批国家完成了由新石器时代到铁器时代的过渡，促进了这些国家社会政治经济的进步。农业技术、中国古代数学、天文历法、医学都通过丝路的传播，对许多地区产生了不可估量的积极影响。①

中华文明历经千年从未中断，在众多后起之辈的环绕中生生不息、保持强大的生命力，主要得益于中华文化的包容性特点。中国自古对于非官方文化、外来文化等非主流的文化采取包容的态度，这种包容体现在不同类型的文化共同发展、共同进步，以及协同发展、协同进步。

中国历史上也不乏"华夷之辨"的争论，但不可否认的是，作为一个文化整体，中国传统文化的包容性相对于同时期其他国家或地区的文化，无论在对象还是时空方面，都是绝无仅有的。②

中华优秀思想文化的传播对东亚、南亚、东南亚等地区的国家影响最为深刻，形成了亚洲儒家文化圈。

中华文化的长久生命力在于它的包容性，毫无保留地将自身优秀文化成果分享给世界，对促进世界文化发展有着极大的影响。

在历史上，不论是科学技术、还是思想文化，中华民族都曾长期处于世界领先水平。然而清朝闭关锁国、以天朝上国自居，不接受、吸收优秀外来文化，导致中国错过了世界近代化的潮流，继而沦为半殖民地半封建社会，中华文化走入了发展的低谷。纵观历史，不难发现一个国

---

① 哈艳秋、鄢晨：《略论古"丝绸之路"的华夏文明传播》，《国际新闻界》2001 年第 5 期。

② 韩冬雪：《论中国文化的包容性》，《山东大学学报》2013 年第 2 期。

家与民族的文化要想保持长久的生命力，必须保持开放、包容的态度，吸收和借鉴外来优秀文化成果，不断发展自身，保持活力，同时要积极继承传统文化中积极的因素，抛弃消极的因素，推陈出新、革故鼎新。

第三节　中国智慧为国际政治提供新思路

"和"思想在我国外交方针、政策和原则的确定上起了重要作用，在我国外交事业发展的过程中贯穿始终，塑造了中国智慧包容、亲和的特点。我国处理国际关系始终以全人类的发展大局为出发点和落脚点，考虑人类的共同命运。党的十八大以来，全方位外交布局深入展开。全面推进中国特色大国外交，形成全方位、多层次、立体化的外交布局，为我国发展营造了良好的外部条件。开展、推进多项国际合作，如实施共建"一带一路"倡议，发起创办亚洲基础设施投资银行，设立丝路基金等。在国际会议中发挥着越来越重要的作用：举办首届"一带一路"国际合作高峰论坛、亚太经合组织领导人非正式会议、二十国集团领导人杭州峰会、金砖国家领导人厦门会晤、亚信峰会。我国倡导构建人类命运共同体，积极促进全球治理体系变革。我国的国际影响力、感召力、塑造力进一步提高，为世界和平与发展贡献中国智慧。[①]

一、古韵丝路焕发新时代活力

"一带一路"（The Belt and Road，缩写 B&R）是"丝绸之路经济

---

① 习近平：《决胜全面建成小康社会　夺取新时代中国特色社会主义伟大胜利——在中国共产党第十九次全国代表大会上的报告》，《人民日报》2017 年 10 月 28 日。

带"和"21世纪海上丝绸之路"的简称，最初是在2013年由国家主席习近平提出。2015年3月28日，国家发展改革委、外交部、商务部联合发布了《推动共建丝绸之路经济带和21世纪海上丝绸之路的愿景与行动》。

"一带一路"旨在借用古代丝绸之路的历史符号，充分依靠中国与有关国家既有的双多边机制，借助既有的、行之有效的区域合作平台，深入贯彻和平发展的理念，共同打造政治互信、经济融合、文化包容的利益共同体、命运共同体和责任共同体。

丝绸之路通常是指欧亚北部的商路，与南方的茶马古道形成对比，西汉时张骞和东汉时班超出使西域开辟的以洛阳为起点，经关中平原、河西走廊、塔里木盆地，到锡尔河与乌浒河之间的中亚河中地区、大伊朗，并联接地中海各国的陆上通道，这条道路也被称为"陆路丝绸之路"。因为由这条路西运的货物中以丝绸制品的影响最大，故得此名。其基本走向定于两汉时期，包括南道、中道、北道3条路线。

通过这条道路，不同的文明之间发生碰撞、交流与融合，互相学习、取长补短，从对方的体系中汲取优秀文化成果，滋养自身文化。古"丝绸之路"的辉煌难以三言两语表述清楚，作为当时世界上最活跃的国际商路之一，它沟通了东西方文明，成为东西方文化传播的桥梁。

自古以来，我国用于贸易的商道不计其数，为什么偏偏只有"丝绸之路"让人难以忘怀？对于中国来说，是这条路最初将一个繁荣昌盛的中国形象展示给世界，它是一个载体，承载了古中国的辉煌历史，代表了东西方文明友好交流的状态。千百年来，中华民族以自己博大的胸怀，将自己数千年来创造的文明、凝聚的智慧贡献给各国人民，丰富了各个国家的物质文化生活，促进了人类文明的交流、融合与发展。

　　中国的改革开放事业在近四十年间取得了巨大的进步，我国综合国力得到了很大的提高，经济发展取得了长足的进步。但是长期以来，中国的发展着眼于国内微观方面，缺少顶层设计和相应的战略指导，前期还由于经济实力等原因，无心也无力注重改变国际环境。随着经济的发展和我国综合国力的提高，中国经济和世界经济高度关联，在世界经济舞台上扮演着越来越重要的角色。中国迫切需要加强顶层设计、构建更加和谐、公正的国际关系，全面深化改革，推进改革开放成系统化、体系化发展，加强中国参与世界经济体系的深度。中国愿意在力所能及的范围内承担更多推动人类和平发展的责任义务。

　　中国自身发展的实际需要从内部要求我国实施"一带一路"这样的国家级顶层战略，推动我国经济健康持续发展；而当今的国际环境则是从外部推动我国探索国际合作以及全球治理的新模式。当今世界正在发生复杂而深刻的变化，国际金融危机的影响并未褪去，世界各国的发展分化程度加深，种种迹象预示着国际规则与国际贸易格局将要发生重大变化。

　　"一带一路"建设恪守联合国宪章的宗旨和原则、遵守和平共处五项原则、坚持开放合作、坚持和谐包容、坚持市场运作、坚持互利共赢等原则，打造全方位合作的伙伴关系。"共建'一带一路'顺应世界多极化、经济全球化、文化多样化、社会信息化的潮流，秉持开放的区域合作精神，致力于维护全球自由贸易体系和开放型世界经济。共建'一带一路'旨在促进经济要素有序自由流动、资源高效配置和市场深度融合，推动沿线各国实现经济政策协调，开展更大范围、更高水平、更深层次的区域合作，共同打造开放、包容、均衡、普惠的区域经济合作架构。共建'一带一路'符合国际社会的根本利益，彰显人类社会共同理想和美好追求，是国际合作以及全球治理新模式的积极探索，将为世界和平发展增添新的正能量。"①

自 2013 年"一带一路"倡议最初提出到 2017 年年底,"一带一路"战略逐步实施,取得了广泛的成果。

据"中国一带一路网"数据统计,至 2017 年年底,国外媒体与网民对"一带一路"的积极态度呈上升趋势,由 2013 年的 16.5% 上升到了 2017 年的 23.61%,其中美国、印度、英国、俄罗斯和澳大利亚对"一带一路"最为关注。在"一带一路"的平台上,国际合作的各项建设项目顺利推进,成果瞩目,"一带一路"国际合作高峰论坛等论坛、会议的开展促成了多项参会各国间的多领域合作,增强了政治互信,优化了国际合作环境。"一带一路"国际合作中,成效最明显、最贴近人民生活的就是沿线国家文化旅游合作的深化,夯实了民意基础。据统计,截至 2017 年年底,我国与"一带一路"沿线 53 个国家建立了 734 对友好城市关系,已与沿线 24 个国家实现公民免签或落地签,并且范围在逐步向西亚、北非、中东欧地区扩大。

"一带一路"建设的 2017 年成果斐然,2018 年已然来临,需各国继续携手努力,秉持共商、共建、共享的理念,努力完善区域基础设施,加强国家间互联互通互信;经济联系更加紧密,政治互信更加深入;人文交流更加广泛深入,不同文明互鉴共荣,各国人民相知相交、和平友好,实现"一带一路"建设的美好愿景。

二、全球治理谱写改革新篇章

全球治理是全球化发展的产物,随着全球化进程的加快、程度的加

① 国家发展改革委、外交部、商务部:《推动共建丝绸之路经济带和 21 世纪海上丝绸之路的愿景与行动》,新华网,2015 年 3 月 28 日。

深，全球治理的问题引起了国际社会越来越广泛的关注。著名国际政治大师罗伯特·基欧汉和约瑟夫·奈将全球治理界定为由正式和非正式的程式和制度来指导和限制一个集团的集体行为。

中国在全球治理体制改革中代表发展中国家发声，维护发展中国家权益，努力做一个负责任、勇于担当的国家。深厚的思想文化底蕴决定了中国完全可以为全球治理理念创新和制度改革贡献更多中国智慧，积极发掘中华文化中积极的处世之道和治理理念同当今时代的共鸣点，提供更多国际公共产品。

站在历史的高度看世界，在全球化和信息技术革命浪潮的推动下，全球治理制度正在酝酿历史性的变革。反观过去全球治理的体系如维也纳体系、凡尔赛—华盛顿体系、雅尔塔体系，均是依靠国家与国家间的均势，以国际法为保障。然而，这种体系是以国家为中心维系的，由于国家间力量不平衡、各国对于国际法规定的主权内容的定义及主权的效力不同，实际上即使有国际法进行保障，也无法做到各国平等，难以实现健康有效的全球治理。

"冷战"使全球治理体制的缺点被进一步放大，全球治理变成国家与国家之间、国际组织与国际组织之间的博弈。同时，全球发展中各个国家之间的分化越来越严重。一些"后发国家"想要寻求更好的发展和更高的国际地位，但是"后发国家"参与国际经济与贸易活动的形式越来越被动。近年来，受金融危机影响，欧美老牌资本主义国家综合国力和国际影响力受到打击，而新兴市场国家和一大批发展中国家快速发展，国际影响力不断增强，导致国际力量对比发生深刻变化，是近代以来国际力量对比中最具革命性的变化。新兴经济体迫切需要一个创新的全球治理体系。

更重要的是，随着人类文明的发展，气候变暖、恐怖主义、全球金融危机等全球性问题的出现，引发了各国的普遍担忧。这些非传统的安全问题要求各国携手以人类命运共同体的形式出现，汇集思想火花、提出最佳方案、落实到每一处，而不是某一个或是某几个国家就可以彻底解决的。各个国家的命运在全球化发展的浪潮中越来越紧密地联系在一起，成为密切相关的利益共同体。

因此，完善和加强全球经济治理的重要性、紧迫性进一步凸显。集中体现在四个方面：

一是适应新的力量对比：传统力量与新兴力量此消彼长，挑战问题此起彼伏，政策协调不敷需要，需要加强、改革、协商、积极互动。

二是适应不断扩展的议程：国际贸易、投资、金融等，民族宗教冲突、恐怖主义、跨国资本流动、气候变化、传染病防控等非传统安全的挑战。

三是适应更加多元的主体：主权国家、国际组织、跨国企业、非政府组织，参与进程，发挥作用。

四是适应日益加深的改革诉求：现有体系不适应，新兴市场和发展中国家快速发展，改革力量进一步集聚。

归纳起来说：推动世界经济的复苏与发展，要求全球经济治理更加公正、合理、有效，具有可持续性，适应力量对比的变化，给予新兴市场和发展中国家更多发言权等。[①]

在全球治理体系的变革中，中国绝不会缺席，有人认为中国在全球治理中有"四重角色"：利益攸关方、关键行动者、议程设计人、变革领航员。中国兼有世界大国和发展中国家双重身份，既应该担起大国责任、扮演好大国角色，也应该为广大发展中国家的利益诉求发声，因

---

① 于凤鼎等：《全球治理创新的中国智慧》，《公共外交季刊》2016年第4期冬季号。

此，中国在全球治理体系创新中的责任义不容辞。

现有的全球治理体制是在西方老牌资本主义国家的主导下建立起来的，实际上更多地反映了欧美发达国家的利益和要求，对发展中国家不太友好，发展中国家的权益无法充分体现，存在着很大的不合理性。作为发展中国家的重要代表，中国承担着代表广大发展中国家权益的国际责任，要求中国积极参与到全球治理制度改革进程中，参与规则制定，通过坚持不懈的外交努力，为发展中国家在全球治理体制中争取更多话语权，提升广大发展中国家的影响力。

三、全球交往中的中国新形象

国际会议作为加深国际合作、解决国际争议、商讨发展愿景的平台，同时也是一个国家扩大国家影响力、彰显国家实力、树立国际形象的平台。近年来，中国综合国力大幅提升，在推进构建新型国际关系、创新改革全球治理体系、加强国际合作等工作中也作出了巨大贡献，国家影响力明显提升，举办了多场重要的国际会议，推动中国的发展理念走向世界。为国际合作提供充满中国智慧的新思路。

中国"一带一路"建设取得重大进展，在"一带一路"平台框架下，国际合作不断加深，各国的合作诉求也不断增加，需要一个契机深化、巩固与发展"一带一路"框架下的国际合作。

2017年5月15日，"一带一路"国际合作高峰论坛在北京雁栖湖国际会议中心举行圆桌峰会。来自30个国家的领导人和联合国、世界银行、国际货币基金组织负责人出席圆桌峰会，围绕"加强国际合作，共建'一带一路'，实现共赢发展"的主题，就对接发展战略、推动互联互通、促进人文交流等议题交换意见，达成广泛共识，并通过了联合公报。

我们深刻认识到当前世界经济所处的发展状态，世界经济正在进行深度调整，机遇与挑战并存。我们进一步认识到，在经历了次贷危机后，世界经济虽然在缓慢复苏，但依旧面临诸多挑战，以规则为基础的多边贸易体制有待加强。在此背景下，"丝绸之路经济带"和"21世纪海上丝绸之路"是加强多边合作的良好框架和平台，"一带一路"的合理倡议能够在挑战和变革中创造机遇。"一带一路"作为一项重要的国际倡议，为各国深化合作提供了重要机遇，取得了积极成果，未来将为各方带来更多福祉。参会代表达成秉持平等协商、互利共赢、和谐包容、市场运作、平衡和可持续的合作原则。

高峰论坛期间，外媒和网民对"一带一路"的关注度达到历史最高点，"一带一路"国际合作高峰论坛成为最受关注的热点事件。

亚洲太平洋经济合作组织简称"亚太经合组织（APEC）"，是推动亚太地区区域贸易投资自由化，加强成员间经济技术合作等最具影响的经济合作官方论坛。中国在2001年第一次举办亚太经合组织非正式会议。时隔13年，中国经济、政治、文化等多个领域取得了长足进步，并且提出了"一带一路"倡议，在这个关键的历史节点，中国再次举办亚太经合组织非正式会议。2014年11月11日，亚太经合组织第二十二次领导人非正式会议在北京怀柔雁栖湖国际会议中心举行。此次会议的主题是"共建面向未来的亚太伙伴关系"，各国领导人围绕这一主题深入交换意见，共商区域经济合作大计。中国国家主席习近平主持会议并发表讲话。习近平强调，面对新形势，我们应该深入推进区域经济一体化，打造有利于长远发展的开放格局，大力推进亚太自由贸易区进程。我们应该全力推动改革创新，挖掘新的增长点和驱动力，通过结构调整释放内生动力。我们应该加快完善基础设施建设，打造全方位互联互通格局,让脚下之路、规则之路、心灵之路联通太平洋两岸全体成员。习近平强调,开展互联互通合作是中方"一带一路"倡议的核心。中方欢迎志同道合的朋友积极参与有关合作,共同将"一带一路"建设成为大家的合作之路、友好之路、共赢之路。

各经济体领导人一致认为,在当前全球经济形势下,要加快亚太自由贸易区建设,积极推进区域经济一体化,加强基础设施建设,促进互联互通。各方赞同习近平提出的有关倡议和主张,高度评价中国为促进亚洲和世界经济繁荣、推动亚太经合组织发展发挥的重要作用,感谢中方为举办本次会议所做的出色工作。

此次会议与会各方达成许多重要共识:大力加强亚太伙伴关系;推进区域经济一体化,启动亚太自由贸易区进程;批准全球价值链、供应链、能力建设等领域重要合作倡议;支持多边贸易体制,推动多哈回合谈判早日结束;加快创新和改革步伐;共同探索适合自身实际的发展道路和发展模式,加强交流互鉴;加强全方位基础设施和互联互通建设;拓展基础设施投融资领域务实合作;共同应对全球性挑战。会议发表了《北京纲领:构建融合、创新、互联的亚太——亚太经合组织领导人宣言》和《共建面向未来的亚太伙伴关系——亚太经合组织成立25周年声明》。①

这次会议是亚太合作进入历史新阶段的一次重要会议,我国一向提倡的互信、包容、合作、共赢的精神得到了参会各方的一致认同与赞赏,中国将继续协同亚太地区各国,共同构建面向未来的亚太伙伴关系。

2016年9月4日至5日,二十国集团成员和嘉宾国领导人及有关

---

① 《亚太经合组织第二十二次领导人非正式会议举行》,中国新闻网,2014年11月11日。

国际组织负责人齐聚美丽的中国杭州，参加二十国集团领导人第十一次峰会。此次峰会的主题为"构建创新、活力、联动、包容的世界经济"。中国国家主席习近平出席并致开幕词。

面对国际发展挑战日益纷繁复杂、全球经济增长乏力的时代背景，迫切需要全球主要经济体建立起相互协作的伙伴关系，走创新和改革之路，关注气候变化、难民、反恐、反腐败等全球性问题，为世界经济的稳定复苏营造有利的环境。

此次二十国集团领导人杭州峰会取得了丰富的成果，主要体现在以下几个方面。

一是体现了共迎挑战的伙伴关系精神。我们积极推动二十国集团成员加强政策协调，聚焦共识，妥处分歧，加强彼此正向联动。峰会就推动世界经济增长达成杭州共识，公报强调："二十国集团建立更紧密伙伴关系，携手行动，将为世界经济增长传递信心"，展现出同舟共济、共渡难关的信心。二是明确了世界经济的前进方向。在我们的倡导和推动下，二十国集团成员聚焦创新增长议题，共同制定了创新增长蓝图，以及创新、新工业革命、数字经济三大行动计划。三是制定了一系列务实的行动计划。杭州峰会特别重视将共识转化为行动，将成果落到实处。在发展领域，峰会制定了《二十国集团落实2030年可持续发展议程行动计划》，在推进全球发展合作方面迈出了新步伐。在贸易投资领域，峰会制定了两份具有历史意义的文件，一份是《二十国集团全球贸易增长战略》，致力于扭转当前全球贸易疲软的态势；另一份是《二十国集团全球投资指导原则》，这是世界范围内首个多边投资规则框架，填补了全球投资治理领域的空白。四是展现了谋求共同发展的决心。发展是杭州峰会的一面旗帜。二十国集团不仅属于二十国，也属于全世界，特别是广大发展中国家和人民。这体现了中国办会的独特视角，也反映了广大发展中国家的普遍愿望。为世界经济给出了一份中国答案。①

2017 年 9 月 3 日至 5 日，金砖国家领导人在中国厦门进行了会晤。本次会议除了邀请金砖五国领导人之外，还邀请了埃及、几内亚、墨西哥、塔吉克斯坦和泰国五国领导人出席，创新建立"金砖＋"合作模式，为广大发展中国家提供开放合作的平台，促进共同发展利益的实现。

会晤通过了《金砖国家领导人厦门宣言》，重申开放包容、合作共赢的金砖精神，全面总结了金砖合作 10 年来的成功经验，为加强金砖伙伴关系、深化各领域务实合作规划了新蓝图。五国领导人认为，金砖国家应该深化在重大问题上的沟通和协调，捍卫国际关系基本准则，合作应对各种全球性挑战，加快全球经济治理改革；加强宏观政策协调，对接发展战略；深化政治安全合作，增进战略互信；将人文交流活动经常化、机制化，加深五国人民的相互了解和友谊；与时俱进加强金砖机制建设，为各领域合作走深走实提供坚实保障。各国领导人决心以厦门会晤为新起点，共同打造更紧密、更广泛、更全面的战略伙伴关系，开创金砖合作第二个"金色十年"。②

亚信第四次峰会于 2014 年 5 月 20 日至 21 日在上海世博中心举行，围绕"亚洲安全形势"、"推进相互信任与协作的措施"等议题，各国代表进行广泛讨论，并取得了广泛共识。

时隔两年，亚信第五次峰会于 2016 年 4 月 27 日至 28 日再次在中国举办，中国连续两次作为主场国家举办亚信峰会。

在 2014 年亚信上海峰会上，中方倡议树立共同、综合、合作、可

① 《杨洁篪就二十国集团领导人杭州峰会接受媒体采访》，新华网，2016 年 9 月 7 日。
② 习近平：《在金砖国家领导人厦门会晤记者会上的讲话》，人民网，2017 年 9 月 5 日。

持续的亚洲安全观，走出一条共建共享共赢的亚洲安全之路。新形势下，我们要把握方向，发展合作共赢的新型伙伴关系，相互尊重，平等相待，守望相助，同舟共济，在追求本国利益时兼顾各国合理关切，在谋求本国发展时促进各国共同发展，在维护本国安全时尊重各国安全，构建亚洲命运共同体。我们要夯实基础，把亚洲多样性转化为扩大交流合作的动力，推动不同文明包容互鉴、共同发展，为地区安全综合治理营造更加深厚的基础。我们要互谅互让，坚守道义，坚持通过对话协商，依据国际法，坚持以和平方式解决争议问题，以对话增互信，以对话解纷争，以对话促安全。通过建立规则机制管控危机，通过增进互信缓和紧张，通过政治手段化解危机，逐步推动复杂地区热点问题的解决。我们要坚持和发扬亚洲国家长期以来形成的相互尊重、协商一致、照顾各方舒适度的亚洲方式，加强地区各项安全机制协调，逐步探讨构建符合亚洲特点的地区安全合作新架构。

习近平指出，当今世界，合作潮流浩浩荡荡，包容理念深入人心。亚洲国家和人民有能力更有需要通过对话合作维护亚洲安全和发展环境。我们欢迎域外国家为亚洲和平发展贡献正能量，同亚洲国家一起促进亚洲的安全稳定和发展繁荣。中国奉行和平外交政策，始终是国际和地区安全的维护者、建设者、贡献者。中国坚定不移走和平发展道路，坚定不移维护以联合国宪章宗旨和原则为核心的国际秩序，坚定不移推动构建以合作共赢为核心的新型国际关系，致力于打造人类命运共同体。

习近平指出，中国坚持朝鲜半岛无核化，坚持维护半岛和平稳定，坚持通过对话协商解决问题。希望各方共同努力，把半岛核问题早日拉回到对话谈判解决的轨道，推动实现东北亚长治久安。中国一贯致力于维护南海地区和平稳定，坚定维护自身在南海的主权和相关权利，坚持通过同直接当事国友好协商谈判和平解决争议。中方愿同东盟国家一道努力，将南海建设成为和平之海、友谊之海、合作之海。

习近平强调，当前，中国人民正在为实现中华民族伟大复兴的中国梦而团结奋斗。中国人民将在追求中国梦的过程中帮助和支持各国人民实现各自的美好梦想，一道实现持久和平、共同繁荣的亚洲梦，共创亚洲美好未来。①

---

① 《习近平出席亚洲相互协作与信任措施会议第五次外长会议开幕式并发表重要讲话》，新华网，2016 年 4 月 28 日。

第四章

中国力量激荡世界

在十九大报告的结尾，习近平满含深情地说："大道之行，天下为公。站立在 960 万平方公里的广袤土地上，吸吮着中华民族漫长奋斗积累的文化养分，拥有 13 亿中国人民聚合的磅礴之力，我们走自己的路，具有无比广阔的舞台，具有无比深厚的历史底蕴，具有无比强大的前进定力。"[①]要研究中国力量是什么，中国力量为什么能激荡世界，中国力量怎样激荡世界，首先应把握中国力量的基本含义和本质属性，理清其内在对中国、对世界产生的巨大影响。

中国力量一词，从广义的理解上可拆解为"中国的力量"进行理解。力量一词在词典上的解释有很多种，但结合中国一词作为前缀，力量一词在此处广义的理解可理解为"power"、"efficacy"，主要指一种精神或者是效力。中国力量不一定是有形的，它更多体现在精神上，并折射在现实中，对人与社会产生巨大的影响。

狭义的理解需要从习近平的论述中进行理解。习近平在第十二届全国人民代表大会第一次会议闭幕会上提到，"实现中国梦必须凝聚中国力量。这就是中国各族人民大团结的力量[②]。"

---

① 习近平：《决胜全面建成小康社会　夺取新时代中国特色社会主义伟大胜利——在中国共产党第十九次全国代表大会上的报告》，《人民日报》2017 年 10 月 28 日。

② 习近平：《在十二届全国人民代表大会第一次会议上的讲话》，《人民日报》2013 年 3 月 18 日。

在此次讲话中，习近平对中国力量做了具体的解释，这是人民团结的力量，是实现中国梦的必经途径。中国力量，归根结底还是人民的力量。人民是主体，是核心，是来源，没有人民的力量是称不上中国的力量的。只有发挥好人民的主体地位，真正符合人民心中对于美好未来的追求，全心全意凝结在一起最真实的动力和情感才是最真实的中国力量。

在十九大报告中，习近平还提到："发展社会主义先进文化，不忘本来、吸收外来、面向未来，更好构筑中国精神、中国价值、中国力量，为人民提供精神指引。"[①]构筑更好的中国力量，不断加强我国优秀先进文化的创新性转化和发展，加强中国社会主义意识形态的建设和引导机制，为广大人民提供精神上的力量和指引，折射到现实表现为推动中国的全方位快速发展，也进一步推动世界体系的崭新构建，对世界产生更大的影响。

第一节　中国力量为世界发展体系注入动能

凝聚中国力量不仅是实现中国梦的必然途径，也为世界发展体系注入新的动能。经济上推动国际整体夯实坚固基础，政治上促进世界政治文明进步，文化上促进世界精神文明多元发展，社会上促进社会文明建设，生态上促进生态文明建设；在整个世界发展体系上"五位一体"全方位、深层次、多元化发展。

---

① 习近平：《决胜全面建成小康社会　夺取新时代中国特色社会主义伟大胜利——在中国共产党第十九次全国代表大会上的报告》，《人民日报》2017 年 10 月 28 日。

一、经济力量助推世界经济发展

党的十九大报告中显示，中国从十八大以来，经历了极不平凡的五年，经济建设取得重大成就。中国目前正在转变经济增长方式，在经济新常态模式下保持经济中高速增长。"国内生产总值从五十四万亿元增长到八十万亿元，稳居世界第二。"中国经济在世界经济中所占的比重越来越大，作为世界第二大经济体，对世界经济增长贡献率超过百分之三十。增速快，比重高，总量大，成为世界经济发展中的一颗耀眼上升的新星。中国经济在多方面的力量提升也为推动中国经济建设发展，从而进一步推动世界整体发展构筑夯实基础。中国矢志不渝推动经济全球化朝着更加开放、包容、普惠、平衡、共赢的方向发展。

中国积极进行"一带一路"建设，惠及全球，助力世界经济发展。随着经济全球化的深入发展，在经济全球化发展中由于先进的生产力和经济发展地位居于主导地位的发达资本主义国家通过跨国公司的全球活动，将低端制造业和以廉价劳动力为主的第三产业转移至发展中的经济体，并在全球产业逐渐一体化链条中形成了以欧美等发达经济体为核心的全球产业链。各国之间的经济联系在当今的世界发展趋势下愈发你中有我，我中有你。当今世界正发生复杂而深刻的变化，资本主义制度固有问题的国际金融危机深层次影响继续显现，世界经济仍处于一个缓慢复苏、发展分化的阶段，各国面临的发展问题依然严峻。而"一带一路"的倡议正是站在新时代的基础上，旨在通过互利共赢，充分推进实现人类共同富裕和解放。让"一带一路"惠及全球，造福世界，促进经济持续发展。

中国《"一带一路"愿景与行动》中宣布："让共建成果惠及更广泛的区域。"中国想要实现的目标是构建国家与国家之间互利共赢、互信包容、同舟共济的命运共同体。中国不光在理念上进行充分倡导，在提出后也进行广泛的推进和实践。4 年多来，"一带一路"倡议得到国际社会的广泛认同和参与。根据中国商务部的数据，中国企业在沿线 24 个国家推进建设了 75 个境外经贸合作区，入区企业达到 3412 家，上缴东道国税费累计 22.1 亿美元，为当地创造 20.9 万余个就业岗位。

2017 年前三季度，中国与沿线国家贸易额达 7859 亿美元，同比增长 150%。"一带一路"倡议和开放战略，使各国特别是发展中国家搭上了中国发展的快车。通过"一带一路"战略，中国凝聚经济力量，推动共同体的发展。例如，目前已合作修建完成的中国与非洲共建的发展之路——亚吉高铁，在推动中国经济进一步向前发展和转型的同时，其将对非洲经济纵深发展发挥重要的拉动作用。

再比如，2017 年 12 月 21 日下午，泰国首条高铁——中泰铁路合作项目一期工程正式开建。"泰国迎来了历史上第二次铁路科技革新，让泰国与'一带一路'建设对接，将带动区域经济圈的发展。我对中国高铁技术非常有信心。"泰国交通部长阿空如是说。"中国力量"正续写着古老亚欧大陆的新辉煌，不断助力于世界经济新发展。

中国作为重要引擎推动世界经济平稳复苏。近年来全球经济增长面临风险，这需要全球共同应对。目前，世界经济整体呈现回暖趋势，经济危机带来的萎靡不振的经济现象在缓和中呈现抬头现象。新型经济发展增速，各项经济指标呈现良好趋势。作为世界第二大经济体的中国经济，在世界经济的整体发展中占据了越来越重要的地位，中国政府不断着力推动经济转型，推进供给侧结构性改革，削减过剩产能，改进中国经济发展质量，着重推动创新驱动战略，专注于产业转型与发展。进一步提高经济国际影响力和感召力，在世界经济中起着越来越重要的作用，作为重要引擎，中国会如何把握世界经济发展趋势，如何推进世界经济的可持续发展，如何以自身的地位和作用起到良好的引导作用也是全世界都在关心的问题。习近平也以"一带一路"战略做出了完美的回答，凝聚中国力量，展现世界希望，矢志不渝推动经济全球化朝着更加开放、包容、惠普、平衡、共赢的方向发展。通过中国经济的发展力量，以自身为动因推动经济的发展，为世界经济进一步增长构筑坚实的经济基础。

不仅从宏观经济大数据上，中国向世界展现了自己的中国力量，在微观的企业建设上同样给出了很好的答案。2018 年 1 月，经过六轮投票对决，华尔街的投资经理们从全球 64 家大企业中最终选出了"最值得投资的企业"：中国企业阿里巴巴。自 2016 年 10 月启动"五新"战略以来，阿里巴巴引领的新零售变革，向世界展现了中国企业的力量，在世界市场中开辟出独具一格的中国零售新格局。更为重要的是，阿里巴巴及其领导者马云在全球化方面的努力，在过去一年得到了全世界的认可。马云的 eWTP 理念不仅在中国和马来西亚顺利落地，更受到WTO 和世界经济论坛的拥抱和欢迎。2017 年 12 月，在阿根廷举办的世界贸易组织部长级会议上，WTO 发布联合声明，鼓励所有成员拥抱eWTP，帮助小微企业实现全球化。过去两年来，包括《经济学人》《巴伦周刊》《纽约时报》《金融时报》等在内的欧美主流媒体越来越多地关注以阿里巴巴为代表的中国互联网经济发展，甚至向美国硅谷巨头们发出警告：不要忽视中国力量。①

从总体上来看，中国力量处于蓬勃发展的新时期，不断发展经济新力量和新动力。中国加强供给侧结构性改革的深入推进，经济结构也随之不断优化，在中国发展的新阶段，重视发展知识型密集经济，加强创

---

① 《华尔街"用钱投票"：全球"最值得投资企业"大赛阿里巴巴夺冠》，《经济日报》2018 年 1 月 5 日。

新创业的鼓励和推进，实行"大众创业万众创新"的政策鼓励，推动新兴产业的快速发展，新型第三产业的比重随之扩大。同时，中国加强国内基础设施建设完善和推进，加强国家高铁、公路、桥梁、港口等道路建设，保障人民基础需求，进一步推动基础建设上的经济投入。同时，中国区域化发展协调加强，不再是部分城市经济发展独占鳌头，中国实行一系列经济政策和战略，推进"一带一路"经济建设、京津冀协同发展、长江经济带等各类经济带协同发展，共同推动。在经济建设上从多方面共同展现中国经济力量的自我完善和发展，不断推动中国的经济建设，提高中国生产力水平。既为中国政治文明和精神文明、文化素质建设等方面提供夯实的基础，也为世界协同发展打好坚实根基。

二、制度力量促进世界政治文明进步

马克思主义认为，政治上的发展主要是由经济上推动的，生产力决定生产关系，而经济基础决定上层建筑。政治制度的发展是与一定阶段的经济发展水平相适应的。由于政治发展与经济制度、民族文化背景与历史背景的不同、社会多元环境和公民思想等因素的影响，各个国家和地区的政治体系和制度的不同，也影响着一个国家或地区在不同阶段的政治制度的发展情况和具体特点。

中国的制度建设始终坚持中国共产党领导的多党合作与政治协商制度，坚持党的领导、人民当家做主、依法治国三者合一的统一，坚持民主与集中的高度统一，将社会各个方面的政治力量凝结整合，成为劲儿往一处使的巨大力量。在中国共产党的政治领导下，其他政党共同合作参与协商，用共同的力量凝结出祖国明天的希望。充分聚集力量，发挥多党合作与政治协商的整体效应，强有力地推出一项项革新的政策和制度进步。

中国制度的飞速成长影响着中国的整体发展，也震动着整个世界。习近平在"七一讲话"中提到："中国共产党人和中国人民完全有信心为人类对更好社会制度的探索提供中国方案"。世界的发展离不开中国的参与，中国的发展也离不开世界这个政治发展的大舞台。在这样的深刻认识下，中国政治力量进行充分的凝聚和探索，从多个角度不断改革和发展，为国际治理贡献中国力量。

作为世界上最大的发展中国家和社会主义国家，中国在社会主义初级阶段提出的一系列将马克思主义同中国具体国情相结合的政治制度和理论，对于世界其他国家和民族来说有着重要的借鉴意义。特别是对于同样追求社会主义制度的广大发展中国家来说，具有深刻的借鉴意义和指导作用，对于既希望加快发展又希望保证自身独立性的国家和地区也提供了全新的选择。

当今世界，不断面临复杂的挑战、艰难的问题、发展的困境。这些挑战随着国际环境的变化，已经不再是能用过去旧有的国际体系可以解决的。发展国际新体系，解决国际新问题已经是迫切的问题。当今世界，国家不再是单一发展的个体，随着社会的发展和进步，当今世界各国已经清晰地认识到，人类社会的命运是相互依存、共同合作的。要加快建立新的国际秩序，构建平等、互利、共赢的国际命运共同体，加强全球治理。坚持多边主义，谋求经济政治上的共商、共建、共享，建立紧密的伙伴关系，构建人类命运共同体，已经是新形势下全球治理的必然发展趋势。习近平在各个场合多次表达建立命运共同体的理念，从国与国的命运共同体，发展到区域内的命运共同体，最终上升到人类命运共同体，这代表的是中国力量的成熟过程和对世界政治文明不断推动的过程。中国力量的凝聚和拓展，为中国伟大复兴的中国梦打下深刻基础，为世界实现人类命运共同体的前行做好准备。事实证明，中国政治力量不仅在中国乃至周边国家的合作中深化发展，也得到了国际社会的广泛认同。

三、文化力量催生世界文化多样性

党的十九大报告指出："文化是一个国家、一个民族的灵魂，文化兴国运兴，文化强民族强。"中国拥有丰富的精神文明财富，优秀的中华传统文化源远流长、博大精深，在中国的历史上、现实中和未来发挥着越来越重要的作用。

习近平在党的十九大报告中提到，要积极发展社会主义先进文化，不忘本来，吸收外来，面向未来，更好地为人民构筑中国精神、中国价值、中国力量，为人民提供精神指引。

中国文化的力量深深熔铸在中国的浩瀚历史、研究理论和丰富实践之中，具有其他民族难以匹敌的精神力量。其一，具有强大的历史穿透力。中华文化几千年来历史悠长，文化多元，延续长久，传承丰富，具有穿越时空的恒久魅力。儒家文化、道家文化、墨家文化、法家文化中的精髓直到今天依旧是我们学习的宝贵内容。

中国优秀传统文化，可以为我们民族实现伟大复兴注入源源不断的活力和深远持久的动力。文化的力量，是一个民族的力量，一个社会的力量，一个国家的力量。中华民族的独立和振兴，中国社会历史的发展和进步，中国的繁荣和富强，人民的幸福和安康，都离不开中国优秀文化的力量支撑。中华文化的力量是历史的又是当代的，是有形的又是无形的，是现实的又是潜在的。我们要不断增强中华文化的力量，不忘本来，继承并发展优秀的中华文化，不断凝聚中华文化的力量，实现文化力量的巨大飞跃。

中国文化力量，吸收外来，汇合融入外来优秀文化因素。中国文化在继承的基础上，吸收外来先进文化的因素，融入思想理论的精髓，紧随时代潮流，发展中国力量，在影响本国文明发展的基础上推动世界优秀文化的发展。

近现代以来，中国文化发生革命性变革，我们党把马克思主义基本原理与中国革命具体实践创造性地结合起来，产生了毛泽东思想、邓小平理论、"三个代表"重要思想和科学发展观。自党的十八大以来，以习近平同志为核心的党中央提出一系列治国理政新理念新思想新战略，形成了习近平新时代中国特色社会主义思想，开辟了马克思主义中国化的新境界。这些科学理论蕴含着巨大的真理力量，蕴含着中华民族文化的优秀基因，指引中华民族迎来了从"站起来"、"富起来"到"强起来"的三次伟大的飞跃。

中国文化力量，面向未来，为构建世界文化多元开拓领域。中国坚持推进中国优秀传统文化的国际传播能力和对外话语体系建设。坚持在扬弃和继承发展的过程中大力推动中华优秀传统文化实现创造性的转化、创新性的发展，不断激发中华优秀传统文化的时代活力，与时俱进，引领时代。在与世界不同国家、地区文明对话中坚定文化自信，为建设社会主义文化强国而不断奋斗，为提高中国优秀传统文化国际地位和国际影响力不断创新发展。充分向世界展现中国文化力量的能量，呈现道路自信、理论自信、文化自信、制度自信。

第二节　中国力量为国际格局优化打通进路

中国力量在自身凝聚、汇合、挥洒的同时，也为国际格局的优化打通进路。中国力量的发展影响世界格局，推动格局优化，促进世界整体发展。中国也同世界各国一起合作，在新时代汇集中外力量，一同合力促进发展。

一、突破旧势汇集中外精粹合力

中国力量在世界发展的新形势下日益受到国际社会的关注和重视，中国力量突破旧势，积极与外国进行交流与合作，汇集中外精粹合力，为国际格局的优化奠定良好的基础。中国一直奉行独立自主的和平外交政策，并在良好沟通的外交关系基础下不断进行发展。中共十九大召开后，2018 年 1 月 9 日，国家主席习近平在人民大会堂同法国总统马克龙举行会谈。两国元首一致同意，秉承友好传统，推动紧密持久的中法全面战略伙伴关系行稳致远。① 法国总统马克龙是中共十九大后首位访华的欧盟国家元首，马克龙在访谈中也表示：当前，欧盟正面临新的发展，法国愿积极推动欧中合作关系不断向前发展。

2018 年 1 月 11 日，国家主席习近平在钓鱼台国宾馆会见英国前首相卡梅伦。自 2015 年对英国进行国事访问后，中英两国就共同开启了中英关系的"黄金时代"，为两国的关系发展注入了全新的动力。中英两国突破旧势，在新时代下即将开始新的征程。中国"一带一路"的倡议将为中英合作带来新的契机和线索，进一步推进中英合作关系。

不仅是英法两国，中国与其他世界各国也一直保持着良好的外交关系。中国还曾表示中俄关系非常好，我们对中俄关系充满信心，在动荡多变的国际局势中发挥好中俄两家"稳定器"和"压舱石"的作用。中

---

① 白洁、许可、王卓伦：《习近平同法国总统马克龙举行会谈 推动中法全面战略伙伴关系行稳致远》，人民网，2018 年 1 月 10 日。

俄一直在国际多边事务中保持着密切的沟通和联系。作为联合国安理会常任理事国之一的中国，也与其他常任理事国一起齐心协力，在联合国发挥重要的作用。在应对全球气候变化、推动全球化稳定发展、国际反恐等重大问题上保持着坚定的态度和密切的联系。

在国际上，作为安理会常任理事国，中国为维护国际和平与安全履行应尽的义务，作为负责任的大国在国际事务中发挥自己的作用；作为世界第二大经济体，中国愿意为促进世界经济增长，加强世界经济体系建设贡献中国力量；作为最大发展中国家，中国愿意为维护广大发展中国家的正当权益，帮助发展中国家独立自主发展发挥更大作用。

同时，中国摆脱定势思维，突破单一外交的思维桎梏和政治外交的旧有趋势，从多个角度多元凝聚中外力量，赢得中外共识。

从宏观角度来看，中国与外国共同研讨交流，携手发展进步。"中共十九大：中国发展和世界意义"国际智库研讨会于 2017 年 11 月 16 日在京举行，来自世界 31 个国家和国际组织的智库学者、前政要与中国高端智库专家共 240 余人共聚一堂，共议中共十九大，从"中国共产党为什么能"入手，寻找"中国为什么能"的答案。[1] 来自美国、俄罗斯、德国、意大利、印度、肯尼亚、巴西等外国智库专家，围绕"中共十九大的主要成果和世界意义""发展开放的中国与全球经济新机遇""中国对外政策与世界和平发展"，与中国专家学者进行了热烈研讨、深入互动。在不同思维、制度国家专家代表的讨论下，深入理解中国新时代的内涵以及习近平新时代中国特色社会主义思想的重大意义。在探讨中凝聚中外力量，发展中外思想，汇合中外合力，共同促进中国和其他国家的共同发展与进步。

---

① 曹典、黄小希：《中外智库人士聚焦中共十九大　畅谈中国发展与世界意义》，新华社，2017 年 11 月 16 日。

从微观角度来看，中国与外国建立友好合作关系，在轻松愉悦中共同进步。旧有"小球转动大球"的乒乓外交，今有中德外交校园足球合作。2017 年 7 月 5 日，国家主席习近平同德国总理默克尔共同于柏林奥林匹亚体育场观看中德青少年足球友谊赛，并参观"中德校园足球合作"的图片展览。中德通过足球合作及往来既为中德足球事业发展凝聚希望，也为中德两国友好合作事业贡献中国力量。校园足球既能成就足球运动的梦想，也能种下人文交流的种子。足球可谓一座桥梁，旨在深化中德双边人文交流。足球也是外交的新方式和新途径，开拓外交发展新思路，为国际格局发展打通进路。

总体来看，中国力量找到全新的出口和方向，突破旧势，汇合中外合力，在交流协作中发展完善自身力量，凝聚汇合崭新合力，进而优化国际格局。

二、合作共赢建立新型国际关系

党的十九大召开以来，世界历史走到了一个关键的节点。世界处于大发展、大变革、大调整时期，面临一系列的新问题、新难题、新挑战。合作抑或竞争，共赢抑或零和，开放抑或封闭，中国做出种种不同的选择影响的不仅是中国，身为联合国安理会常任理事国之一，作为当今世界第二大经济体，作为文化发展最为源远流长深远持久的国家之一，作为世界上最大的发展中国家，中国日益在国际上起着举足轻重的作用。中国怎么选、如何做，时时刻刻都会影响着世界未来发展的方向，关系着人类的前途命运，影响着国际整体秩序。

面对如今的时代背景以及中国现今的发展现状及未来的发展目标，党的十九大报告明确提出："中国将高举和平、发展、合作、共赢的旗帜，恪守维护世界和平、促进共同发展的外交政策宗旨，坚定不移在和平共处五项原则基础上发展同各国的友好合作，推动建设相互尊重、公平正义、合作共赢的新型国际关系。"①

中国特色大国外交要推动构筑新型国际关系，推动构建人类命运共同体。构建新型国际关系，是要走出一条国与国之间互相尊重、公平正义、合作共赢的交往新路。构建人类命运共同体，建设持久和平、普遍安全、共同繁荣、开放包容、清洁美丽的世界。中国提倡构建以合作共赢为核心的新型国际关系，这种关系是对话而不对抗的新型关系，是结伴而不结盟的新型关系，是依存而不依附的新型关系，是互惠而不互害的新型关系。②

中国力量在新型国际关系的构建中凝聚、汇总、成型、发展、成熟，最终推动整个国际格局的优化和进步。在国际体系正发生内在外在量变到质变的转变过程中，各国空前的相互联系、交流和依存程度飞速上升。构建人类命运共同体已是大势所趋，和即两利、斗则两伤。合作共赢，协同合作，越来越成为国际社会的普遍共识。顺应这一潮流，习近平提出以合作共赢为核心的新型国际关系，在处理中美、中俄、中欧、中日等国际关系时，坚持以平等对话解决争端，以互相协商化解分歧，有效促进国际关系的发展。促进各国之间在平等的地位，互惠的前提，独立的立场，合作的基础上构建更加和谐的新型伙伴关系，共同应对各种复杂多变的全球性疑难挑战，共同迎接国际社会繁荣与发展的美好明天。

---

① 习近平:《决胜全面建成小康社会　夺取新时代中国特色社会主义伟大胜利——在中国共产党第十九次全国代表大会上的报告》,《人民日报》2017 年 10 月 28 日。

② 习近平:《推动构建以合作共赢为核心的新型国际关系》,《光明日报》2017 年 12 月 8 日。

中国还积极发展全球伙伴关系，积极促进各国合作共赢，推进互助合作，构建和谐稳定的大国关系。

提倡构建以合作共赢为核心的新型国际关系理论并勇敢付诸实践，代表着中国超越和平崛起的单向论述、丰富和平发展的内容、谋划崛起之后战略走向的努力。新型国际关系思想是中国力量在中国传统外交文化和国际关系理论基础上的继承与发展，是创造性的转化与创新性的发展。这代表着中国力量对于国际关系领域全新的探索，标志着国际关系的一次飞跃性的发展。中国力图构建以合作共赢为核心的相互尊重、公平正义、合作共赢的新型国际关系，充分表现了中国负责任的大国形象。

三、奋发图强引领世界体系构建

习近平在 2018 年新年贺词中提到："中国坚定维护联合国的权威和地位，积极履行应尽的国际义务和责任，始终做世界和平的建设者、全球发展的贡献者、国际秩序的维护者。中国人民愿同各国人民一道，共同开辟人类更加繁荣、更加安宁的美好未来。"[1]中国始终凝聚力量，奋发图强，做世界和平与发展的建设者，做全球多元发展的贡献者，做国际整体秩序的维护者。力图引领世界体系的重新建构，应对国际上的各类风险与挑战。

做世界和平与发展的建设者，中国为世界贡献力量。当今世界正处在一个快速转型的时期。许多转型的方式并不完全是和平推进的，过程充满了矛盾、冲突和不确定性。从宏观上来看，全球化进程不断受到民

---

[1]　习近平：《人民情怀深沉绵长——聆听习近平 2018 年新年贺词》，新华网，2017 年 12 月 31 日。

粹主义的挑战和阻碍，有所放缓。从微观上来看，世界部分地区军事冲突和武装暴力等现象依旧非常常见。很多人或因武装冲突而丧命，或受到恐怖主义和极端主义的伤害。在这样多元复杂的国际环境下，中国仍旧坚持和平与发展的时代主题，坚持推动世界和平与发展。作为联合国安理会常任理事国之一，中国也积极履行理事国义务，以维护世界和平为己任，多次派出维和部队保障受难地区的安全和物资问题。

中国不仅以身作则，也积极在国际上发声，表示愿意同各国人民一道，共同开辟人类更加美好繁荣的未来。加强中国力量对于世界的影响，积极做和平发展建设者的代表，引导世界体系的重构，以中国力量带动世界力量发展。

第 72 届联合国大会主席莱恰克在接受采访时指出，2017 年中国在维护多边主义和加强全球治理方面发挥了重要作用，他期待着 2018 年中国在应对各种全球挑战方面继续发挥作用。希腊前总理帕潘德里欧也曾认为，中国可以成为世界的"指南针"。当今世界，所有国家都需要面对资源短缺、人口膨胀、气候恶化、单边主义、恐怖主义、保护主义等多重疑难与挑战。能够明确贡献国家力量，提供解决方案，展现国家智慧并引领各国共同应对的国家，会是一个合格的引导者，带领世界走向美好的新明天。

第三节　中国力量为人类前进方向凝聚希望

中国力量为人类前进方向凝聚希望。

中国力量聚沙成塔，滴水成河，积微成著，汇集到一起，共同凝结成影响中国社会乃至世界发展的巨大力量，推动人类向未来更好前行。

一、中国力量蕴含人民情怀

人民是历史的创造者，蕴含着伟大的力量。中国力量，说到底就是人民的力量。没有人民，无法谈起力量。如果说中国力量是一个载体的话，那么只有中国人民是中国力量当之无愧的创造者，是中国力量源源不竭的源泉，是中国力量源源不竭的后盾和输送的动力。

人民群众的积极参与是实现国家富强民族振兴的强大动力。

中国人民用自己勤劳的双手创造物质财富，用聪慧的大脑创造精神财富，并且充分将二者结合起来，化作磅礴的物质与精神力量为中国的经济建设、文化创新、制度推广、思想引领、科技发展作出巨大的贡献。

正是这样的中国力量，汇集最为广泛最为基础的磅礴力量，为人类前进方向凝聚希望。没有人民为主体的中国力量是失去了灵魂和来源的中国力量，以人民为中心的中国力量凝聚希望，推动世界发展，迎来人类美好发展的新明天。

中国力量从来不局限于国内视野，更因为以人为本的中国力量，将为整个人类的明天书写光明的未来。

二、中国力量蕴藏政党情怀

中国力量是在中国共产党这个执政党的正确领导下，全国各族人民团结互助，共同创造美好明天，实现共同富裕的力量。人民是一个广泛的概念，是聚沙成塔，是滴水成河，是积微成著。人民的力量汇集到一起，齐聚于一堂，凝聚于心间，才能共同凝结成影响中国社会乃至世界范围发展的巨大的社会力量。

要坚持党的领导和人民的主体地位的统一,共同构筑美好明天。习近平在十九大报告中提到:"党政军民学,东西南北中,党是领导一切的。必须增强政治意识、大局意识、核心意识、看齐意识,自觉维护党中央权威和集中统一领导,自觉在思想上政治上行动上同党中央保持高度一致,完善坚持党的领导体制机制,坚持稳中求进的工作总基调,统筹推进'五位一体'总体布局,协调推进'四个全面'战略布局,提高党把方向、谋大局、定政策、促改革的能力和定力,确保党始终总揽全局、协调各方。"坚持党的领导是保证人民主体地位的根本保证,是实现社会主义现代化的根本保证,是实现中华民族伟大复兴中国梦的根本保证。凝聚中国力量,激荡世界,要坚持党的领导核心地位不动摇。只有这样,我们才能通过党的领导,将所有人民的希望和梦想以及力量紧紧汇合凝结起来,形成一股磅礴的合力,团结互助,共同筑梦青春。

要坚持人民的主体地位,人民是社会历史的创造者,在纵横五千年的灿烂文明事业中,人民始终是决定并推动历史不断发展的决定性力量。人民是推动社会生产力和社会进步的决定性力量,是实现中国社会主义现代化必不可少的成员,是实现中国伟大复兴中国梦的主体。中国梦的实现需要人民汇集的磅礴力量,需要人民团结起来共同实现,人民的力量不仅能实现中国梦,更能推动整个世界,影响整个世界,照亮整个世界。

三、中国力量蕴育人类情怀

20世纪著名历史学家汤因比曾指出,如果中国能够在社会和经济的战略选择方面开辟出一条新路,那么就会证明自己有能力给全世界提供中国与世界都需要的礼物。

在漫漫历史长河中，单论综合力量对世界的影响来看，近现代的西方力量发展飞速，影响甚广。不论是西方资本主义制度的普及、工业文明发展的推动以及西方价值观的输出都是数一数二的，总体上可以说西方发达资本主义国家占据国际舞台的主导地位。而中国近现代的国际地位实际上是呈现一个倒"U"型的发展趋势。从鸦片战争爆发后，中国在西方国家的逼迫下签订了一系列丧权辱国的不平等条约，逐渐沦为半殖民地半封建社会，其国际地位和影响力就呈现一个飞速下滑的趋势。

20世纪三四十年代，抗日战争爆发，中国经过不懈努力凝聚磅礴力量，最终获胜，中国国际地位也呈现上升之势，但综合国力仍然较弱。改革开放以来，中国逐步发展成为世界第二大经济体，对世界经济增长率也成功超过30%，政治、经济、文化、社会、生态文明建设五位一体共同发展。中国逐渐在世界舞台展现出越来越强大的力量。

当今世界，国家不再是单一发展的个体，随着社会的发展和进步，当今世界各国已经清晰地认识到，人类社会的命运是相互依存的。

习近平指出："当今世界经济存在的三大突出矛盾都未得到有效解决：一是全球增长动能不足，难以支撑世界经济持续稳定增长；二是全球经济治理滞后，难以适应世界经济新变化；三是全球发展失衡，难以满足人们对美好生活的期待。这意味着影响世界发展的动力、平衡、治理三大根本机制出了问题。其深层根源，是西方文明的逻辑出了问题。"①

在这样的时代背景下，习近平着眼世界发展局面，顺应各国相互依存的现实需求，致力中外良性合作和发展，展现中国力量与担当，与时俱进提出并不断充实"人类命运共同体"这一先进理念，在不懈奋斗中

---

① 陈远章：《西方文明难以破解当今世界困局》，《学习时报》2017年6月26日。

实现良性的合作和发展。

所谓人类命运共同体就是一个"持久和平、普遍安全、共同繁荣、开放包容、清洁美丽的世界"，建设这样一个世界符合全世界人民的共同利益，也符合人类命运共同价值观的构建，推动人类命运共同的新时代和新发展。

习近平在党的十九大报告中指出，中国共产党是为中国人民谋幸福的政党，也是为人类进步事业而奋斗的政党。中国共产党始终把为人类作出新的更大的贡献作为自己的使命。中国共产党在新时代的使命是为中国人民谋幸福，为人类进步事业而奋斗，而构建人类命运共同体就是为中国人民谋幸福的关键，是与全世界各国梦想息息相通的，是为人类事业奋斗的一个新的指标，一项新的使命。通过中国力量，真正实现这个目的。

习近平在十九大报告中指出，要坚持推动构建人类命运共同体。推动中国力量的发展，凝聚中国力量，坚持推动人类命运共同体，为人类指引一个美好的新明天。

第五章

中国方案惠及世界

中国方案是在中国道路的实践过程中形成的一套理论体系、治理体系与相应的内外战略及政策的总和。中国方案既是对社会主义的中国探索，也是对全球治理问题的中国回答，更是对人类文明发展的中国贡献。立足于中国特色社会主义的伟大实践，着眼于经济全球化与世界多极化的世界发展潮流，面向人类整体未来的发展前景，中国方案包含了丰富深厚的理论体系的引领，也囊括了全方位多层次的实践经验的指导。中国方案蕴含中国智慧，彰显中国价值，弘扬中国精神，坚持中国道路，透过中国话语，发挥中国力量。

第一节　中国方案深化世界和平与发展的时代主题

中国方案最早被提及是在 2013 年 9 月 6 日。二十国集团领导人第八次峰会结束后，外交部部长王毅介绍国家主席习近平出席峰会有关情况时说，新形势下，中国正站在更高、更广的国际舞台上纵横驰骋。我们将为世界奉献更多的中国智慧，提供更多的中国方案，传递更多的中国信心，同各国一道，致力于建设持久和平、共同繁荣的和谐世界。^①2014 年习近平总书记在访问德国时提出要完善全球治理的中国方案，为人类社会应对 21 世纪的挑战作出自己的贡献。他在 2015 年 10 月的减贫与发展高层论坛的主旨演讲中指出，中国将发挥好国际扶贫中心等国际减贫交流平台作用，不断贡献中国智慧，提出中国方案，更加有效地促进广大发展中国家交流分享减贫经验。^② 在 2015 年 12 月的全国政协新年茶话会上，习近平指出，中国致力于推进全方位外交，积极主张在国际社会发出中国声音、提供中国方案，为人类和平与发展的崇高事业作出新的贡献。^③ 在 2016 年新年贺词中，习近平指明全球性问题的解决需要中国方案。在庆祝中国共产党成立 95 周年大会上的讲话中，习近平坚定地表示："中国共产党人和中国人民完全有信心为人类对更好社会制度的探索提供中国方案。"^④2016 年 11 月在浙江乌镇第三届世界互联网大会上，习近平提出的"中国方案"，涉及的是构建网络空间命运共同体。2017 年 1 月 18 日，习近平在联合国日内瓦总部发表演讲，他指出，中国方案为的是构建人类命运共同体，实现共享共赢。^⑤

　　中国方案涵养于中华优秀传统文化环境。中国优秀传统文化是中华儿女立身固本的精神根基，是维系亿万中华儿女的强大精神纽带，是推动中华民族奋勇向前，实现伟大民族复兴的强大精神动力。中华优秀传

---

① 王毅：《宣示中国理念　提供中国方案　传递中国信心——外交部部长王毅谈习近平出席圣彼得堡二十国集团领导人第八次峰会》，新华每日电讯，2013 年 9 月 7 日。
② 习近平：《携手消除贫困促进共同发展——在 2015 减贫与发展高层论坛的主旨演讲》，《人民日报》2015 年 10 月 17 日。
③ 习近平：《在全国政协新年茶话会上的讲话》，《人民日报》2016 年 1 月 1 日。
④ 习近平：《在庆祝中国共产党成立 95 周年大会上的讲话》，《人民日报》2016 年 7 月 2 日。
⑤ 习近平：《共同构建人类命运共同体——在联合国日内瓦总部的演讲》，《人民日报》2017 年 1 月 20 日。

统文化蕴含着深远悠久的华夏智慧，是中华儿女一代一代传承下来的精神宝库，为解决当代中国问题提供着思路借鉴，为面对世界问题提供着巧妙的智慧启迪。中国方案植根于"天下为公"的中国文明理想之中。中华文明的至高理想是"大道之行，天下为公"（《礼记·礼运篇》）。中华民族对于所追求的美好生活的淳朴而真挚的描述便是各安其位、各得其所、各尽其能、各取所需的和睦友好、团结安宁的和谐社会。中国传统文化中所追求的这样一种太平盛世，便是朴素形态下的崇高的社会理想，是中华文明的内在追求。"天下为公"的价值追求体现的是中华民族对天下众生的宽广关怀与对人类命运与幸福的普遍担当。"天下为公"的价值取向以联系的、整体的角度看待人类幸福问题，追求的不仅仅是小家小国的美满幸福，还包含了对天下苍生整体美好生活的追求。中国方案很好地继承与发扬了"天下为公"这一中华优秀文化传统，中国方案面向的不仅仅是中华民族的发展与复兴问题，而是将中华民族置于世界民族之林，将世界人类整体作为自己的关怀对象，将世界的安定与发展作为自己的价值追求。中国方案的制订以国内社会主义现代化建设与中华民族伟大复兴事业及世界经济全球化、多极化发展的形势状况变化为依据，并将随着现实的变化发展而不断创新与丰富；中国方案在积极探索有利于全球和平与发展的道路过程中，努力避免陷入各种极端的思考角度与境况，合理把持中庸的智慧，坚持适度适中适量的原则，追求协调平衡，推动人类社会稳步前进。

　　中国方案植根于社会主义沃土。中国坚定不移地走中国特色社会主义道路，发展社会主义现代化事业，夺取中国特色社会主义伟大胜利。而中国方案是在总结中国特色社会主义伟大实践经验教训的基础上，是为了解决中国发展与建设社会主义进程中的问题而提出的，所以中国方案深深植根于社会主义沃土。中国方案彰显了马克思主义哲学的智慧。

中国方案坚持辩证唯物主义的立场、观点与方法。中国方案坚持物质的第一性，强调社会存在的重要意义，重视发展社会生产力；坚持联系的观点，用联系的、整体的、系统的观点看问题，立足于整个社会整体的结构性、顺序性、联系性，统筹社会全部要素的协同发展；坚持矛盾的观点，肯定矛盾是社会主义社会进步的直接动力，重视协调与解决改革发展中的各类矛盾；坚持发展的观点，注重量变的积累与质变的推动。中国方案坚持历史唯物主义的观点、立场与方法。始终强调人民群众是历史的创造者，维护人民群众的主体地位，坚持发展为人民，发展依靠人民，发展成果由人民享用。中国方案是中国社会主义现代化建设的方案，其目的是实现社会主义社会的经济、政治、文化、社会、生态的全面发展，实现人民群众的全面发展，为最终实现共产主义做好充足的准备。中国方案闪耀着社会主义的光辉。

中国方案蕴含于中国特色社会主义的伟大实践。改革开放以来，中国特色社会主义一直是中国共产党与中国人民的理论与实践的全部主题。在近四十多年的伟大实践中，中国人民找到了适合自己的中国特色社会主义道路，逐步建立相应的制度，慢慢完善相关的理论。在这一伟大的实践中，中国人民取得了非凡的成就，也遭遇了不少挫折，总结了成功与失败的经验教训。中国方案是通过对伟大实践的深刻反思，对发展进程的详尽规划，对美好未来的合理憧憬而提出的，并将随着实践的深化而继续升华。

从中国方案产生的国内背景来看，我国改革开放进入深水区，面临着更多更为复杂更为棘手的问题，全面深化改革面临着硬骨头要啃；精神文明建设面临着新的时代性挑战，人们对于建设社会主义文化强国的愿望日益强烈；生态文明建设显示出紧迫性与必要性；社会主义法制体系与社会主义法治国家的建立面临着具有更多时代新特色的挑战；中国特色大国外交与国际战略将迎来更为复杂多变的国际形势；人民群众对美好生活的要求更高了，对美好生活的期盼更强烈了。随着我国经济发展下行压力的加大，以习近平同志为核心的党中央提出要顺应经济发展新常态，提出治国理政新理念，党的十八大提出了内容全面的"五位一体"总体布局；党的十八届三中全会以来，习近平提出了"四个全面"战略布局，紧接着，习近平在十八届五中全会上提出了发展新理念。在国际事务上，中国更为积极主动地参与国际事务，努力承担起世界上最大的发展中国家应负的责任。在国际交往中，中国创造性地提出了构建人类命运共同体的理念与构想，呼吁世界各国联起手来应对人类发展面临的共同问题。中国积极采取措施为世界各国交流合作、互利互惠搭建平台。

从国际背景来看，2008 年国际金融危机爆发之后，发达国家经济体遭受重创，经济复苏缓慢，世界经济目前仍处于低迷状态，再加上世界各国缺乏经济政策的协调与合作，国际金融充满了不确定性，世界经济发展亟须稳定的、持续的、强劲的新动力推动；而随着新兴市场国家与发展中国家的慢慢崛起，世界逐渐形成了多个力量中心，一个国家或者集团再也不能单独决定国际性事务，世界格局与治理体系发生了意义深刻的变革，多极化趋势在曲折中发展；作为国际交往的必然结果的经济全球化趋势仍在深入发展，伴随着经济全球化而来的是世界各国除了经济以外的政治、文化等的交流与冲突，各国相互依存的程度不断加深，逐渐联系为一个人类命运共同体，面临着越来越多的共同的发展问题；贫困问题成为困扰世界经济发展的顽疾，全球环境问题日益严重，如何更为公平合理地治理世界环境问题也成了令各国忧虑的问题。随着信息技术的发展与普及，互联网安全问题已经成为了全球性问题，建立与完善全球互联网治理体系迫在眉睫。这些各国面临的共通性问题的解决，需要新的世界管理观念的提出、新的世界治理体系的建立。

一、中国方案倡导合作共赢的新型国际关系

国际关系是一个对于世界上每一个国家都十分重要的话题。即使是在地理大发现以前，虽然存在有些国家因特殊的地理环境而与世界隔绝，不能与其他国家进行交流，但是也存在着许多的国家与自己的邻国接壤而安，与自己的邻国绕海而望，在这些国家的发展历史进程中，不可避免地与邻国产生着外交关系，既有和睦友好的亲邻关系，也有短戈相向的战乱关系。但外交好的关系从来不是纯粹简单的单一性质的问题，利益是国际关系的决定性因素，当发生利益冲突时，一个国家为了维护自身的切身利益，会与其他国家以竞争的方式甚至是暴力的方式来相处；当两国存在共同利益时，便有了团结合作的基础，亲切友好的外交关系便有了可能性。国际关系是受国家外交政策与国际战略的影响，一个国家为了顺应国际关系发展的大趋势，会选择因时而变，与时俱进，根据实际情况不断地调整自己国家的外交政策，以最大限度地维护本国的利益。

回顾民族国家产生以来的历史进程，人类始终在孜孜不倦地探索不同国家之间的相处之道，1648 年《威斯特伐利亚和约》签署，威斯特伐利亚体系在欧洲诞生。它确立了主权、平等这些重要原则，开创了近代国际关系的先河。但这一体系最终没能避免欧洲陷入群雄征战。1815年《维也纳会议最后议定书》签署，维也纳体系应运而生，根据均势原则对拿破仑战争后的欧洲地缘政治版图重新做出安排，维持了欧洲较长时间的和平。但最终还是导致结盟对抗和军备竞赛，直至第一次世界大战的爆发。1945 年，50 个国家携手创建了以联合国为核心、以《联合

国宪章》的宗旨原则为基础的国际秩序和相应国际体系，为国际关系和
国际体系建设翻开了新的历史篇章。七十多年来，联合国在维护世界和
平与安全、促进世界经济发展、推动世界人权进步方面的努力和作用有
目共睹。数百年来人类社会探究国家相处之道的历史表明：每一种国际
关系的形成，每一类国际体系的建立，都被打上了鲜明的时代印记，也
必须随着时代发展而不断创新完善，否则就会跟不上时代脚步，甚至会
失去它的先进性和合理性。[①]

　　七十多年来，以《联合国宪章》为宗旨而建立的国际关系秩序是人
类国际交往的历史中的辉煌篇章，在维护世界和平与发展的过程中发挥
了重要的作用。但是就当前国际关系的发展历程来看，新的问题层出不
穷，新的挑战迎面而来，新的危机伺机爆发。《联合国宪章》的原则与
宗旨并未被所有国家接受与遵守，国际交往中不平等、不合理的现象仍
然时有发生，经济低迷、地缘动荡、恐怖危机、文化摩擦、全球环境问
题恶化等各种问题此起彼伏，现行的国际政治秩序遭受了极大的挑战。
如何更好地维护以联合国为中心，以《联合国宪章》为宗旨的国际关系
体系，如何更好地解决人类社会所面对的共同问题，是新型国际关系建
立所要面对的挑战与目标。中国作为世界上最大的发展中国家，更为积
极踊跃地参与国际事务，更为主动自觉地承担起相应的世界事务的责
任，在面对人类社会共同的国际关系问题时，提出了掷地有声的中国方
案：建立以合作共赢为核心的新型国际关系。这一新型国际关系立足于
对新的国际形势的准确评价与预估，既传承与弘扬了《联合国宪章》的
原则与宗旨，又突破与创新了传统的国际关系，必将对未来国际关系的
发展产生重要的影响。

　　[①]　王毅：《构建以合作共赢为核心的新型国际关系》，《国际问题研究》2015 年第 3 期。

　　2013 年 3 月，习近平在俄罗斯的莫斯科国际关系学院演讲时提出："面对国际形势的深刻变化和世界各国同舟共济的客观要求，各国应该共同推动建立以合作共赢为核心的新型国际关系，各国人民应该一起来维护世界和平、促进共同发展。"这是"新型国际关系"这一概念的首次提出。从此，"新型国际关系"不断出现于各种国际场合，在处理国际关系时用于表达中国立场，展现"中国方案"。中国外交部长王毅说："新型国际关系到底新在哪里？如果要用一句话来概括，那就是：以合作取代对抗，以共赢取代独占，不再搞零和博弈和赢者通吃那一套。"2017 年 10 月 18 日，中国共产党第十九次全国代表大会召开，十九大报告对"新型国际关系"有了新的阐述："推动建设相互尊重、公平正义、合作共赢的新型国际关系。"十九大报告中的新提法是对前者的丰富与充实，是对新型国家关系的更高的要求与更美好的期望。"没有哪个国家能够独自应对人类面临的各种挑战，也没有哪个国家能够退回到自我封闭的孤岛。"这是提出新型国际关系新阐述时对国际形势的科学判断，也是新阐述的现实基础。实践证明，中国已经从世界和平的维护者转变为维护者与建设者，因为中国对世界和平建设贡献的不仅仅是观念与理论，而是越来越多的实际措施。中国也在作为世界发展的推动者与秩序的维护者，进一步在实践活动层面推动着和平、发展、合作、共赢的世界向前发展。中国始终坚持独立自主的外交政策，坚持和平共处五项基本原则，显示出中国自古以来的对于建立和平、合作、友好的外交关系的价值追求。中国近年来积极参与国际事务和倡导新型国际关系建设的丰富经验是中国提出新型国际关系的基础。在国际交往与国际事务参与中，中国不断地向世界传达着新型国际关系的中国声音，向世界各国提供着建立新型国际关系的中国理念，向世界人民描绘着相互尊重、公平正义、合作共赢的新型国际关系的美好蓝图。

二、中国方案搭建互利互惠的国际合作新平台

和平、发展、合作、共赢越来越成为世界发展的主题与趋势，而为了维护与巩固世界的和平环境，促进与保障世界的长远发展，建立与巩固世界的全方位多层次的合作，追求与实现世界各国的共赢，世界各国需要在更为公平合理的政治经济秩序下更为积极地参与国际合作，踊跃贡献本国的有效力量，与其他国家取长补短，相互协作。而这些目的的实现，需要基于一个能吸引团结世界各国积极进行国际合作的平台。在经济全球化的潮流下，世界各国为了本国的发展，在一定程度上采取了对外交流的措施，但是未能站在全人类的角度来看待国际合作的问题，因而不可避免地会存在目光短浅、范围狭隘的不足。单纯地从本国利益出发，容易忽略他国的合理关切，影响国际合作的公平性与合理性，或者碍于地缘、历史等原因，许多有可能进行合作的国家却未能在现实中实现合作。中国在经济全球化日益加深的大背景下进行改革开放，日益发现国际合作存在的这一问题，并积极承担起世界上最大发展中国家的责任，基于本国改革开放的经验与实践，努力为世界各国搭建互利共赢的合作新平台，帮助其实现有优势有条件进行合作却未能合作的国家之间的合作，帮助其加深已有合作关系的国家之间的合作，帮助其优化正在进行中的国际合作。

从北京 APEC 会议到杭州 G20 峰会，再从"一带一路"国际合作高峰论坛到金砖国家领导人厦门会晤，中国充分利用每次与其他国家的交流机会，向各国阐发建立互联互通的国家合作平台的美好构想。

2014 年 APEC 峰会在北京召开，这次峰会的主题是：共建面向未来的亚太伙伴关系。在这个主题下有三个重要的议题：推动区域经济一体化、促进经济创新发展、改革与增长，加强全方位互联互通和基础设

施建设。本次峰会颁布了纲领性文件，以建立全面无缝连接和一体化的亚太地区为目标，以促进硬件、软件、人文交流互联互通举措为三大支柱，旨在构建全方位、多层次的复合型亚太互联互通网络。互联互通蓝图已经为 APEC 在 2020 年之后的合作做出规划。2015 年各方讨论通过了落实互联互通十年蓝图有关文件和评估机制，明确亚太地区未来十年区域联通的发展方向，迈出了历史性的关键一步。当前世界经济仍处于国际金融危机之后的深度调整期，复苏势头相当脆弱，需要国际社会的创新发展理念，协同努力推动世界经济复苏。我们在亚太地区制定互联互通蓝图，搭建互利互惠的合作平台，适应了域内国家加强互联互通、推进工业化以及深化合作的需要，聚集经济合作尤其是基础设施建设，有助于亚太地区扩大投资和内需，增加就业，减少贫困，抑制极端主义，为亚太乃至世界经济增长注入新的动力。

2016 年，G20 峰会在杭州召开。这次峰会主题为：构建创新、活力、联动、包容的世界经济。G20 作为全球经济合作的主要平台，此次在杭州举办，对于中国来说，既是向世界展示中国主动性与能力的时刻，也是中国代表新兴发展中国家发声的机会，更是中国向世界介绍有关推动区域经济与世界经济发展的中国方案的平台。在此次峰会上，习近平为二十国的发展提出了具有世界借鉴意义的建议。首先，发展方式需要得到创新，各国要通过创新发展理念、政策、方式、结构等，通过宏观政策与社会政策的结合，让市场力量充分释放，让一切创造社会财富的源泉充分涌流，并且重视基础设施对于经济的拉动作用。中国支持二十国集团成立全球基础设施中心，支持世界银行成立全球基础设施基金，并将通过建设丝绸之路经济带、21 世纪海上丝绸之路、亚洲基础设施投资银行、丝路基金等途径，为全球基础设施投资作出贡献。

2017 年，"一带一路"国际合作高峰论坛在北京举行。"一带一路"

是习近平在 2013 年提出的合作倡议，2013 年以来，"一带一路"相关合作稳步推进，受到了各方普遍欢迎和积极参与。2017 年的"一带一路"国际合作高峰论坛召开之际，"一带一路"建设处在全面推进的关键节点，主办高峰论坛就是要总结过去、规划未来。这次高峰论坛全面总结"一带一路"建设的积极进展，展现重要早期收获成果，进一步凝聚合作共识，巩固良好的合作态势：共商下一阶段重要合作举措，进一步推动各方加强发展战略对接，深化伙伴关系，实现联动发展；在推进中国经济社会发展和结构调整的同时，推动国际合作，实现合作共赢。求木之长者，必固其根本，欲流之远者，必浚其泉源。通过主办高峰论坛，希冀推进"一带一路"建设，打造沿途国家互利互惠的合作平台，为促进世界经济增长、深化地区合作打造更坚实的发展基础，创造更便利的联通条件，更好造福各国和各国人民。今天，"一带一路"已经成为了世界上规模最大的合作平台，在贸易保护主义抬头、逆全球化思潮与各种不确定性因素频现的今天，"一带一路"为世界人民展示了中国方案，发挥了中国力量。"一带一路"是中国改革开放的重要步骤之一。我国坚持不断加大开放力度，深化改革程度，而"一带一路"则是中国与其他国家互通有无，优劣互补，加强联系的重要平台。"一带一路"是中国积极承担大国责任的重要举措之一。共建"一带一路"致力于亚、欧、非大陆及附近海洋的互联互通，建立和加强沿线各国互联互通的伙伴关系，构建全方位、多层次、复合型的互联互通网络，实现沿线各国多元、自主、平衡、可持续的发展。"一带一路"的互联互通项目将推动沿线各国发展战略的对接与耦合，挖掘区域内市场的潜力，促进投资和消费，创造需求和就业，增进沿线各国人民的人文交流与文明互鉴，让各国人民相逢相知、互信互敬，共享和谐、安宁、富裕的生活。中国在通过"一带一路"的建设来提升本国改革开放水平的同时，注重贯彻"人类命运共同体"的全局思想，给予其他国家，特别是需要帮助的发展中国家，以充足、合理的关切，为其他国家搭建互利互惠的合作平台，在合作中实现共赢，在共赢里巩固合作。"一带一路"建设以来取得的非凡成就充分证明了"人类命运共同体"的科学性与合理性，证实了搭建互利互惠的合作平台的必要性与重要意义。

2017年9月，金砖国家领导人在厦门举行第九次会晤。习近平强调务实合作是金砖国家合作的基础，中国将积极推动建立更多共识，拉紧联系的纽带，让金砖合作机制行稳致远。中国将致力于加强发展战略对接，致力于推动国际秩序朝更加公正合理的方向发展。发展潮流滚滚向前，顺势则昌，逆势则亡。顺应和平、发展、合作、共赢的世界潮流，中国将积极为世界各国搭建互利互惠的合作平台，促进发展共赢。

三、中国方案呼吁戮力同心的人类命运共同体

人类命运共同体是建立以合作共赢为核心的新型国际关系与搭建互利互惠的合作平台的现实基础与追求目标，以合作共赢为核心的新型国际关系与互利互惠的合作平台是建立与巩固人类命运共同体的实现途径与推动力量，三者相互联系，互为依存，相互促进，彼此作用。

人类命运共同体是指在追求本国利益时兼顾他国合理关切，在谋求本国发展中促进各国共同发展。人类命运共同体的理念是对中国"天下和合，共为一家"的优秀传统文化的传承与创新，是中国发展、改革与建设的历史经验与实践经验的总结与应用，是对世界发展形势做出的客观的分析与判断，是与世界各国共同面对人类发展未来的中国方案。

2011年《中国的和平发展》白皮书提出，要以"命运共同体"的新视角寻求人类共同利益和共同价值的新内涵。《中国的和平发展》白

皮书是在进入 21 世纪第二个十年和中国共产党成立 90 周年之际，中国再次向世界郑重宣告的，和平发展是中国实现现代化和富民强国、为世界文明进步作出更大贡献的战略抉择。中国将坚定不移沿着和平发展道路走下去。中国提出要从"命运共同体"的新视角出发，在坚持自己和平发展的同时，致力于维护世界和平，积极促进各国共同发展繁荣。2012 年 11 月 8 日，党的十八大报告强调，人类只有一个地球，各国共处一个世界，要倡导"人类命运共同体"意识。2017 年 10 月 18 日，习近平同志在党的十九大报告中提出，坚持和平发展道路，推动构建人类命运共同体。习近平所作的党的十九大报告在外交部分开宗明义宣示："中国共产党是为中国人民谋幸福的政党，也是为人类进步事业而奋斗的政党。中国共产党始终把为人类做出新的更大的贡献作为自己的使命。"实践也证明了并将继续证明中国共产党在努力为世界人类社会发展与进步做出自己的贡献。党的十九大报告对坚持发展中国特色社会主义的基本方略做了阐述，将"坚持推动构建人类命运共同体"作为十四条基本方略之一，强调必须统筹国内国际两个大局，始终不渝走和平发展道路、奉行互利共赢的开放战略，坚持正确义利观，树立共同、综合、合作、可持续的新安全观，谋求开放创新、包容互惠的发展前景，促进和而不同、兼收并蓄的文明交流，构筑尊崇自然、绿色发展的生态体系，始终做世界和平的建设者、全球发展的贡献者、国际秩序的维护者。①

　　党的十九大报告指出："世界正处于大发展大变革大调整时期，和平与发展仍然是时代主题。"人类生活在同一个地球村，各国日益相互依存、休戚与共，越来越成为你中有我、我中有你的命运共同体。没

---

　　① 习近平：《全面建成小康社会　夺取新时代中国特色社会主义伟大胜利——在中国共产党第十九次全国代表大会上的报告》，《人民日报》2017 年 10 月 28 日。

有哪个国家能够独自应对人类面临的各种挑战，也没有哪个国家能够退回到自我封闭的孤岛。世界各国更需要以负责任的精神同舟共济，共同维护和促进世界和平与发展。随着世界多极化、经济全球化、文化多样化和社会信息化的深入发展，粮食安全、资源短缺、气候变化、网络攻击、人口爆炸、环境污染、疾病流行、跨国犯罪等全球非传统安全问题层出不穷，对国际秩序和人类生存发展都构成了严峻挑战。不论人们身处何国、信仰如何、是否愿意，实际上已经处在一个命运共同体中。

与此同时，一种以应对人类共同挑战为目的的全球价值观已经开始孕育，并逐步为多数国家所认可。中国在参与国际事务与对外交流中，不断地将"人类命运共同体"的观点系统化、具体化、可操作化，形成了内容充实、角度多元，体系严谨的"人类命运共同体"思想。"人类命运共同体"的理念内涵主要包括国际权利观、共同利益观、可持续发展观和全球治理观。随着经济全球化的深入发展，资本、技术、信息、人员跨国流动的速度与深度都在不断增强，国与国之间处于一种相互依存的状态，一国经济目标能否实现与别国的经济波动有重大关联。各国在相互依存中形成了一种利益纽带，要实现自身利益就必须维护这种纽带，即现存的国际秩序。国家之间的权力分配未必要像过去那样通过战争等极端手段来实现，国家之间在经济上的相互依存关系为合作提供了机遇，为双赢提供了保障，各国可以通过国际体系和机制来维持、规范相互依存的关系，从而维护共同利益。生活在同一个地球上，依偎在彼此联系的关系之中，对于共同的利益目标，不同的国家、民族、种群可以通过合作来互补对方的优劣势，实现资源的共享与最大化利用，为实现一致的目标而共同奋斗，这样既能实现自己的利益，又能为自身的长远发展建立一份有利可靠的友谊；从马克思辩证唯物主义联系的观点来看，联系是普遍的。在当今这个同样是普遍联系的世界，没有哪一个国家能独沈自立而不与其他国家发生联系，一国的利益发展总是牵扯着另一国的利益关系，二者的关系既可能是具有相同利益基础的合作关系，也可能是会发生利益冲突的对立关系，为了实现拥有利益冲突的二者问题的最优解，即能使双方的利益尽量因彼此的举动而减少，反而能实现现实情况下的利益最大化。当今世界上存在不少双方利益发生冲突的现象，如早期的发达国家将低端产业转移到发展中国家，虽然自身产业链得以稳固，本国经济结构得以优化升级，但是给发展中的民族工业带来了极大的打击，给发展中国家的生态环境带来了严重的破坏，给发展中国家的经济安全带来了潜藏的隐患。双方关系表面上看起来是冲突的形式，但从"人类命运共同体"的视角来看，发达国家向发展中国家转移低端产业的行为给发展中国家带来的弊端其实也是在给自身带来麻烦，如发展中国家由于不科学的发展方式引发的温室气体排放过度的问题，全球变暖影响的不仅仅是发展中国家，还有转移低端产业的发达国家，更有无辜的其他国家，由此可见，发达国家与发展中国家的命运是紧紧联系在一起的。如果发达国家能在转移自身低端产业的同时，也将自身的相关技术转移至发展中国家，暂且不谈产业转移给发展中国家带来的经济效益与本国资源及环境所受到的损坏是否相当的问题，但至少这样能在帮助发展中国家科学绿色发展的同时提高发达国家产业链的整体发展水平与效益，最重要的是，能帮助缓解全球性环境问题，所以，这一举动并非只是在帮助他国，也是在为自身的发展创建良好的环境。

独弦不成音，独木不成林。面对人类社会发展的共同问题，中国方案呼唤更为戮力同心的人类命运共同体。

第二节　中国方案助力全球治理体系构建的宏基伟业

"全球治理"的概念最早由社会党国际前主席、国际发展委员会主席勃兰特于 1990 年在德国系统提出。全球治理理论又称为全球化理论，是顺应世界多极化趋势而提出的旨在对全球政治事务进行共同管理的理论。全球治理的理论还不十分成熟，尤其是在一些重大问题上还存在着很大的争议，但这一理论无论在实践上还是在理论上都具有十分积极的意义。

一、中国方案向世界提供共商共建共享新理念

随着全球化进程的日益深入，人类所面临的经济、政治、生态等问题越来越具有全球性，这些问题的解决愈加需要国际社会的共同努力。全球治理顺应了这一世界历史发展的内在要求，有利于在全球化时代建立新的公正合理的国际政治秩序。从理论的角度来看，它打破了社会科学中长期存在的二分法传统思维方式，即市场与计划、公共部门与私人部门、政治国家与公民社会、民族国家与国际社会等，全球治理体系把有效的管理看作是两者的合作过程；全球治理体系倡导建立起一套管理国内和国际公共事务的新规制和新机制；它强调管理就是合作；它把治理看作是当代民主的一种新的现实形式，所有这些富有创造性的观点都为推动政治学和国际政治学的理论发展起到了非常重要的作用。在 2008 年国际金融危机之后，"全球治理现代化"的理论、价值、目标及其路线设计的研究讨论被提上人类社会发展的紧迫日程。

在人类社会走向美好未来的今天，在全球政治经济秩序走向更为公

平合理的今天，在世界各国发展共同面临更多不确定性因素的今天，中国在坚持与发展中国特色社会主义伟大事业的过程中，取得了全方位、开创性的成就，经济建设取得重大成就，全面深化改革取得重大突破，民主法制建设迈出重大步伐，思想文化建设取得重大进展，人民生活不断改善，生态文明建设成果显著，强军兴军开创新局面，港澳台工作取得重大进展，全方位外交布局深入展开，全面从严治党成效卓著。在世界经济增长乏力、世界政治争端频发、世界文化冲突潜伏的背景下，当代中国能取得如此非凡的成就，原因是中国人民群众在科学理论的指导下，在科学制度的保障下，坚持了正确的道路。作为世界上最大的发展中国家，中国在专注于自身发展的同时，也十分关切世界各国的发展状况，积极为更为美好的人类社会未来贡献自己的力量。面对人类社会发展的共同问题，中国尝试用中国思维来思考世界问题，从自身的发展经验中总结有利于解决世界性问题的思维与方法。针对全球治理问题，中国提出了共商共建共享的中国方案。

2017 年 10 月 18 日，习近平同志在党的十九大报告中指出："中国秉持共商共建共享的全球治理观，倡导国际关系民主化，坚持国家不分大小、强弱、贫富一律平等。"[①]党的十九大报告指出中国已经进入新时代，这个新时代是中国日益靠近世界舞台中央，为全体人类做出更多贡献的新时代。在这个新时代里，中国将继续秉持共商共建共享的全球治理新理念，积极参与全球治理体系建设与改革，不断提出紧跟时代步伐的中国方案，提供富有中国特色的中国智慧。

2015 年 10 月 12 日，习近平在主持中共中央政治局第二十七次集体学习时说，随着全球性挑战增多，加强全球治理、推进全球治理体制

---

① 习近平：《全面建成小康社会　夺取新时代中国特色社会主义伟大胜利——在中国共产党第十九次全国代表大会上的报告》，《人民日报》2017 年 10 月 28 日。

变革已是大势所趋。他进一步指出，要推动全球治理理念创新发展，积极发掘中华文化中积极的处世之道和治理理念同当今时代的共鸣点，继续丰富打造人类命运共同体等主张，弘扬共商共建共享的全球治理理念。这是中国首次提出"共商共建共享"的全球治理理念。共商，就是集思广益，由全球所有参与的治理方共同商议；共建，就是各施所长、各尽所能，发挥各自优势和潜能并持续加以推进建设；共享，就是让全球治理体制和格局的成果更多更公平地惠及全球各个参与方。当前世界政治经济秩序仍然是由发达资本主义国家所掌控，总体而言是有利于发达资本主义国家自身的发展，而不利于发展中国家的发展，国际事务中不公平不合理的现象仍时有发生。新兴市场国家与广大发展中国家已经搭上了发展的快车。作为世界上最大的发展中国家，中国对世界经济增长的贡献逐年增加，2016 年，我国 GDP 占世界经济总量的 14.8%，比 2012 年提高 3.4 个百分点，稳居世界第二位。2013—2016 年，我国对世界经济增长的平均贡献率达到 30% 左右，超过美国、欧元区和日本贡献率的总和，居世界第一位。发达资本主义国家以外的广大发展中国家对世界经济的贡献越来越多，在世界经济发展中占据着越来越重要的地位，多极力量中心在逐渐形成，很多国际事务不再是一个国家能拍板决定的，很多国际性问题也不是任何一个国家或者组织能单独解决的。发展中国家的力量在增强，众多世界性问题的解决也需要充分利用发展中国家的力量，但目前的国际秩序与管理体系不利于广大发展中国家在国际事务中发出自己真正的声音，不利于给予发展中国家在解决国际性问题时展现自身能力的机会。在这种矛盾之下，中国方案倡导"共商"，意味着让更多国际主体参与到国际治理中来，集众国之智慧，合众国之力，既给之前未能拥有机会参与国际治理的国家一个代表本国利益发声与代表本国为国际性事务贡献自己力量的机会，也是为人类社会面临的共同问题的解决集思广益，集力而决。当前世界治理体系仍然是发达国家所主导建立的，由于在全球治理体系形成之初，广大发展中国家由于综合国力较弱，未能在国际话语体系中占有一席之地，也不拥有参与制定国际管理体系规则的能力与机会。而由发达资本主义国家所主导建立的国际治理体系必然会帮助维护发达国家的利益，并且原有的全球治理体系已经不能很好地适应当前的世界发展形势，所以广大发展中国家需要以更加主动的姿态参与新的国际治理体系建设，"共建"倡导的不仅仅是在治理体系的规则建设领域，更要努力参与到全球治理的具体实践中去，为更为公平合理的全球治理规则的践行与落实贡献自己的力量。在少数国家所主导下建立的国际秩序必然不会顾及到大多数国家的发展利益，特别是处于劣势的发展中国家。对于建立新的国际秩序的期盼实际上也是对各国共同分享世界发展成果的期望。进行新的全球治理的目的也是为了让参与治理与治理下的各国享受到新的全球性治理所带来的更加和平、更加发展的世界。"共享"是中国代表广大发展中国家对新的全球治理体系提出的合理要求，也是新的全球性治理体系取得成效的重要判断标准，更是世界发展潮流的客观现象。

中国已在努力完善全球治理体制机制。党的十八大以来，中国更加积极主动地参与全球治理体系的改革和建设，日益走近全球治理舞台的中央。中国发起成立了亚洲基础设施投资银行、金砖国家新开发银行、丝路基金、南南合作援助基金、国际发展知识中心等，推进"一带一路"建设，丰富了全球治理的体制机制。此外，中国还利用主办北京APEC 会议、杭州 G20 峰会、"一带一路"国际合作高峰论坛、金砖国家领导人厦门会晤等主场外交的机会，积极推动上述全球治理方案的机制化。

"共商"有利于倡导世界政治民主化与经济民主化，反对霸权主义与强权政治，推动在曲折中发展的多极化趋势向前推进，有利于构建互相尊重、公平正义、合作共赢的新型国际关系，有利于人类命运共同体朝着更为光明的未来发展。"共建"有利于各国分享发展机遇、扩大共同利益，建立和睦协作的友好国际关系；有利于经济要素在全球的自由流动，实现资源利用效率的最大化；有利于维护全球自由贸易体系，促进开放性世界经济的发展。"共享"有利于寻求各国利益的最大公约数，实现互利互惠、共赢多赢；有利于构建互相理解、互相包容、互相亲和的文化氛围，为人类命运共同体的构建奠定共同的思想文化基础。

二、中国方案与世界经济分享中国发展红利

中国作为当今世界最大的发展中国家，用短短六十多年的时间，极大地提高了广大人民的生活水平，减少了 6.6 亿贫困人口，实现了从农业大国到工业大国、从低收入国家到中高收入国家的历史跨越。在经济发展方面，中国取得重大成就。中国 GDP 跃居世界第二位，成为排名仅次于美国的国家。GDP 是衡量一个国家经济活力和经济实力的重要指标，自我国实行改革开放政策后我国的 GDP 呈指数式增长，进入 21 世纪更是进入高速发展期。据国家统计局网站 2013 年 11 月 5 日公布的数据，改革开放以来，1979—2013 年，我国 GDP 年平均增长率为 9.8%，而世界同期为 2.8%，对世界 GDP 贡献率超过 20%。党的十六大以来的 2002—2012 十年间，是我国 GDP 增长最快的时期，国内生产总值年均增长 10.7%，对世界经济贡献率超过 20%，GDP 从世界第六位跃居世界第二位；人均国内生产总值由 1000 多美元提高到 5432 美元。中国国家统计局 2017 年 7 月 17 日公布了上半年国民经济"成绩单"。中国第二季度以及今年上半年国内生产总值（GDP）同比增长 6.9%，再次超

过国内外的预期，引来国际经济界和许多媒体的惊叹。

中国进出口额位列世界第一。进出口是 GDP 增长的三驾马车之一，三十多年来我国的进出口额一直以较高的速度增长，既体现了我国改革开放取得的成效，也为我国经济实力的增强提供了强大的动力。改革开放以来，中国一直在实施更为主动的对外开放战略，积极与其他国家进行经济交往，顺应经济全球化的发展趋势，所以进出口额长期以来都在以较高的速度增长。

中国的外汇储备居于世界首位。外汇储备的增减是一个国家宏观经济运行和国际收入与支出情况的最终反映。中国外汇储备增长较快，这是长期以来我们注意吸引外资、鼓励外贸出口的政策和外汇管理宽进严出政策综合作用的结果。虽然国际上对于外汇储备最适宜的量暂且没有固定的说法，过多的外汇储备自然会给本国经济安全与经济发展带来不利的影响，但中国外汇储备的增长在一定程度上显示出中国经济对外开放程度的加深与经济发展的成果。

在马克思主义的指导下，在总结对近现代历史经验的基础之上，中国人民深刻领悟到社会主义的本质是解放生产力，发展生产力，消灭剥削，消除两级分化，最终实现共同富裕。改革开放以来，我国坚持以经济建设为中心，大力发展生产力，提升本国经济实力。中国的发展既为世界和平发展提供了稳定性和建设性因素，也豁达地与其他国家共享本国发展红利，主动用自身的发展带动其他国家的经济发展，为他国带来发展机遇的同时，也为其他发展中国家探索自己的发展道路提供了有益的经验借鉴。

党的十八大以来，中国的经济建设取得了辉煌的历史性成就。中国已稳居世界第二大经济体并一直保持快速发展，中国对世界经济增长的年均贡献率已超三成，在全球领先。在过去，美国是世界经济发展的一个重要引擎，而现在，中国也是这样的一个重要引擎。2017 年 10 月 18 日，习近平总书记在十九大报告中指出，必须坚持质量第一、效率优先，以供给侧结构性改革为主线，推动经济发展质量变革、效率变革、动力变革，提高全要素生产率。① 中国供给侧改革不仅在国内取得了阶段性的成就，还为世界经济发展提供了新引擎，增强世界经济推动力。

首先，中国作为国际社会的重要经济主体，国内供给侧改革给世界经济带来了间接的影响。供给侧改革以全面提高产品和服务质量作为提高供给体系质量的中心任务，这将有利于显著增强我国经济质量优势，增强我国经济的核心竞争力；供给侧改革要求加快增长动力转换，全面提升实体经济特别是制造业水平，有利于中国经济结构优化，使国内经济转变为可依靠、可持续的创新驱动力；供给侧改革要求强化基础体系支撑，提高经济的国民服务性、为经济发展奠定坚实的基础并为经济增长注入有效动力；供给侧改革强调充分发挥人力资本的作用，更加注重调动和保护人的积极性，为经济发展创造与提供更为有活力、更持续、更有保障的发展动力。供给侧改革有利于更加健康、更加持续、更加稳定的中国经济建设，从而为世界经济带来一个更为发达的经济主体，为世界经济的发展注入新鲜的活力。其次，中国不断深化供给侧改革为世界经济复苏与增长提供了宝贵的经验。供给侧改革强调改革与创新对经济的驱动作用，习近平在亚太经合组织第二十三次领导人非正式会议上指出："我们要改革创新，为亚太经济寻求新的增长动力。当前，面对新形势新挑战，唯有让改革和创新两只手一起发力，方能拧动亚太经济的阀门、释放强大动力。"中国积极向世界推荐本国供给侧改革的宝贵经验。同时，习近平也指出："要解决世界经济深层次问题，单靠货币

① 习近平：《全面建成小康社会　夺取新时代中国特色社会主义伟大胜利——在中国共产党第十九次全国代表大会上的报告》，《人民日报》2017 年 10 月 28 日。

刺激政策是不够的，必须下决心在推进经济结构性改革的方向上作更大努力，使供给体系适应需求结构的变化。"这一面向全球的战略性建议充分体现了我国对全球目前经济形势的客观认识和清晰判断，传统的经济刺激计划的作用已经在逐渐减缓甚至是消失，世界经济复苏与增长需要新的有效动力。只有加大供给侧改革力度，通过结构性改革，努力实现供给需求的新平衡，才能从根本上缓解当前全球经济持续下行的危机。

1978 年，党的十一届三中全会以来，中国开始实行改革开放，改革开放给中国社会带来了翻天覆地的变化，实现了中国人民由"站起来"到"富起来"的历史性转变。

中国改革开放带来的中国经济的发展为世界经济带来了活力。实施改革开放以来，中国经济迅速发展，越来越成为世界经济新的"增长极"，缓解了世界工业经济体增长减慢的状况。改革开放后的中国为世界提供了一个广阔的市场，改革开放不仅仅使得人们的收入增长，消费能力得到极大的提高，更是更新了人们的观念，使人们的消费欲望不断增强。近几年来，随着网络购物的兴起与推广，中国消费者的海外淘宝质量与数量也在显著提高，这不仅仅是向世界展示了中国人民的生活水平的提高，更是为世界经济的增长注入鲜活的消费驱动力。除了商品的进口，中国也在积极引进外资，并通过设立经济特区、沿海开放城市与沿海经济开放区为外资提供优惠政策和良好的发展环境。"中国制造"为世界消费者提供了物美价廉的商品与优质高效的服务，"中国工厂"为经济全球化下的世界产业链贡献了自己的力量。中国经济发展平稳，为缓解世界金融危机提供了重要保障。20 世纪末的亚洲金融危机对很多国家和地区的实质经济和金融秩序造成了极其严重的损害，也破坏了世界金融秩序和世界经济的稳定和发展。在亚洲金融危机中，中国积极采取果断措施保证人民币不贬值，避免了危机的进一步扩大。为此，中国也付出了沉重的代价，但是中国的措施有效遏制了亚洲金融危机对世界经济稳定的破坏，为稳定世界金融秩序做出了巨大贡献。2008 年春，美国的次贷危机席卷全球，鉴于美国在全球经济中举足轻重的地位，次贷危机给世界经济带来了较大的负面影响，首当其冲的是国际金融体系的动荡。在这次金融危机中，中国发表了同世界各国加强协调与配合以共同维护国际金融市场稳定的声明。作为世界经济的一支重要力量，中国已明确承诺与其他各国一起努力确保全球经济的稳定。

中国通过改革开放为世界经济注入新动力的同时，也慷慨地与世界其他国家共享中国发展的红利，邀请志同道合的世界各国搭上发展的动车。

"一带一路"是中国改革开放的重要举措，也是中国为世界各国实现互利互惠、合作共赢的国际合作平台，更是中国通过自身的发展来带动世界发展的伟大举措。"一带一路"充分依靠中国与有关国家既有的双多边机制，借助既有的、行之有效的区域合作平台，旨在借用古代丝绸之路的历史符号，高举和平发展的旗帜，积极发展与沿线国家的经济合作伙伴关系，共同打造政治互信、经济融合、文化包容的利益共同体、命运共同体和责任共同体。2015 年 3 月 28 日，国家发展改革委、外交部、商务部联合发布了《推动共建丝绸之路经济带和 21 世纪海上丝绸之路的愿景与行动》。"一带一路"经济区开放后，承包工程项目突破 3000 个。2015 年，中国企业共对"一带一路"相关的 49 个国家进行了直接投资，投资额同比增长 18.2%。2015 年，我国承接"一带一路"相关国家服务外包合同金额 178.3 亿美元，执行金额 121.5 亿美元，同比分别增长 42.6% 和 23.45%。2016 年 6 月底，中欧班列累计开行 1881 列，其中回程 502 列，实现进出口贸易总额 170 亿美元。第 71

届联合国大会决议欢迎"一带一路"等经济合作倡议，敦促各方通过"一带一路"的倡议，呼吁国际社会为"一带一路"的倡议建设提供安全保障环境。"一带一路"建设始终秉持着共商共建共享的原则，积极加强沿线国家的政策沟通，加强基础设施联通，促进贸易畅通，保障资金融通，达到民心相同的目的。"一带一路"建设是中国实施更为主动的对外开放战略与深化开放性经济发展的重要举措，也是中国践行"共商共建共享"新观念的实践体现，更是中国为建设"互相尊重、公平正义、合作共赢"的新型国际关系而做出的重大决策。

2013 年 10 月 2 日，习近平提出了筹建亚洲基础设施投资银行的倡议，2014 年 10 月 24 日，包括中国、印度、新加坡等在内的 21 个首批意向创始成员国的财长和授权代表在北京签约，共同决定成立亚洲基础设施投资银行。2015 年 12 月 25 日，亚洲基础设施投资银行正式成立。亚洲基础设施投资银行简称为"亚投行"，"亚投行"的成立是在新兴国家兴起的国际大背景下实现的，发达国家的经济发展速度与广大发展中国家相比相对缓慢，旧的金融体系却不利于发展中国家的经济增长，虽然世行与国际货币基金组织通过了相应的股权比重和投票权比重的改革决定，但因美国国会反对而受阻，不合理的国际金融机制并未改观。所以"亚投行"的建立是对旧有国际金融体制的突破与创新，体现了广大发展中国家的发展主动性与机遇选择性。"亚投行"的建立是基于亚洲基础设施不发达与经济发展需求之间的矛盾。亚洲经济占全球经济总量的 1/3，是当今世界最具经济活力和增长潜力的地区，拥有全球六成的人口。但因建设资金有限，一些国家铁路、公路、桥梁、港口、机场和通信等基础建设严重不足，这在一定程度上限制了该区域的经济发展。而"亚投行"的建立能为亚洲各个国家基础设施的建设提供雄厚稳定的资金保障，从而促进各国基础设施的建设，为亚洲经济发展创造良好的基础设施环境。"亚投行"的建立是中国用自身发展带动周边国家发展的体现。中国已经成为了世界上第三大对外投资国,并且经过三十多年的经验积累,中国已经形成了较为成熟的基础设施产业链,中国在基础设施建设技术方面更是首屈一指,所以中国积极倡导"亚投行"的建立,充分发挥本身基础设施建设的宝贵经验为亚洲国家技术设施建设构建融资平台,共享自身的基础设施建设技术与经验为亚洲国家的基础设施建设贡献自己的力量。

中国积极参与国际金融秩序的革新与国际金融稳定的维护。金融危机以来,美国金融政策变动导致国际金融市场资金的波动,对新兴市场国家的币值稳定造成很大影响。中国货币波动较小,但是印度、俄罗斯、巴西等国都经历了货币巨幅贬值,导致通货膨胀。中国提出了建立应急储备基金的倡议,积极推动构建金砖国家之间的共同的金融安全网,推动建立金砖国家新开发银行,努力为维护金砖国家的金融安全作出自己的贡献,而金砖国家作为世界经济发展中的重大经济体,对国际金融的健康发展也有着重要的意义。

三、中国方案为世界治理议题提出创新性主张

中国切实关注全球治理主要议题领域,在推动全球治理体系变革的同时,中国还在科学分析世界发展形势的基础上,在对自身解决本国发展问题的经验进行深刻总结之后,在对中国传统文化中蕴含的智慧进行深入的挖掘之后,中国在全球治理的主要议题领域提出自己富有中国特色的方案和主张。

在大国关系上,中国提出了建立互相尊重、公平正义、合作共赢的新型国际关系。有关国际关系的"中国方案"并不是一蹴而就的,而是

在与各国开展外交活动的实践基础上逐步分析概括总结出来的。在新中国外交历史上，周恩来总理在 1953 年 12 月 31 日与印度政府代表团就西藏地区的关系问题进行谈判时提出了"和平共处五项原则"，即互相尊重领土主权、互不侵犯、互不干涉内政、平等互惠和和平共处五项原则，并得到印方的赞同。"和平共处五项原则"增进了世界各国对新中国和平外交政策的认同，为国际间和平解决争端提供了规范，并成为维护世界和平及谋求建立国际政治经济新秩序的基础，成为被世界上众多国家所接受与执行的准则。七十多年来，中国始终在外交活动中坚持这一准则，随着国际形势的变化与复杂多变的国家关系演变，中国在坚持"和平共处五项原则"的基础上，不断创新与发展本国的外交理念。2013 年 3 月 14 日，习近平就任国家主席后应约与奥巴马总统通电话，双方均表示要努力构建中美新型大国关系。关于中美新型大国关系的内涵，习近平在会晤中用三句话作了精辟概括：一是不冲突、不对抗。二是相互尊重。三是合作共赢。有学者认为，建立新型大国关系的提出，其对世界和平发展的影响及意义，不亚于 1953 年 12 月 31 日周总理会见印度政府代表团提出的和平共处五项原则。在此基础上，中国不断完善对新型外交关系的描述。党的十八大提出要建立以合作共赢为核心的新型国际关系，党的十九大报告更是进一步完善了对于新型国际关系的描述。对于新型国际关系的不断补充与完善是中国对国际形势做出科学判断后的正确抉择，是对建立世界美好国际关系提出的中国方案。

在经济全球化领域，中国积极顺应时代潮流，推行更为主动的对外开放战略，在发展自身的同时，也慷慨地与其他国家共享本国发展红利。中国积极推动"一带一路"建设，促进沿线国家的资源共享与经济往来；中国主导建立亚洲基础设施投资银行，打破传统僵硬的世界金融规则，逐步建立起有利于亚洲发展中国家的国际金融合作机构，促进亚洲发展中国家的合作共赢。发展中的中国深刻地认识到了"人类命运共同体"的必然发展趋势，并积极努力地利用自身的发展为整个人类社会谋求福利。

在互联网这一重要国际治理领域，中国始终强调网络治理的整体性，各国都应该重视人类命运共同体的现实情况与发展趋势，携手齐心共同为网络全球治理而奋斗。2017年12月3日，习近平向第四届世界互联网大会致贺信，"希望与国际社会一道，尊重网络主权，发扬伙伴精神，大家的事由大家商量着办，做到发展共同推进、安全共同维护、治理共同参与、成果共同分享。"世界互联网大会已经成功举办四届了，每年习近平都以各种方式对大会的召开表示祝贺。其中"命运共同体"一词一以贯之，连续四年被习近平反复强调。而这一点是习近平对世界互联网发展格局的准确分析与评价，更是对互联网全球治理的合理建议。党的十八大以来，习近平在多个国际场合，曾多次提出关于互联网治理的中国方案。2014年7月16日出访巴西时，习近平在巴西国会演讲时指出："虽然互联网具有高度全球化的特征，但每一个国家在信息领域的主权权益都不应受到侵犯，互联网技术再发展也不能侵犯他国的信息主权，在信息领域没有双重标准。"随后在2014年首届世界互联网大会开幕之际，习近平在贺词中提出"互联网真正让世界变成了地球村，让国际社会越来越成为你中有我、我中有你的命运共同体。同时，互联网发展对国家主权、安全、发展利益提出了新的挑战，迫切需要国际社会认真应对、谋求共治、实现共赢。"在2015年，习近平站在乌镇的讲台上发表重要讲话时，就明确指出全球互联网治理应坚持"四项原则"，并提出"五点主张"。他提出推动互联网全球治理的体系变革，建立多边、民主、透明的全球互联网治理体系，倡议各国应该加强沟通、扩大共识、深化合作，共同构建网络空间命运共同体。此次主旨演讲，一度被海内外称为世界互联网治理的中国方案。2016 年，习近平在第三届世界互联网大会上以视频的方式发表讲话时说："互联网发展是无国界、无边界的，利用好、发展好、治理好互联网必须深化网络空间国际合作，携手构建网络空间命运共同体。"

从这些有关互联网治理的中国声音中可以很容易地总结出中国对于全球互联网治理的倡导重点便是"命运共同体"的理念。由于互联网的发展是没有边界的，它将居住在地球上的人们联络成一个紧密的地球村，一个国家的网络安全问题也是涉及世界各国的网络安全问题。所以，在面对全球化网络治理时，中国提出了倡导世界各国联起手来共同治理的方案。

在全球气候治理领域，中国作为世界上最大的发展中国家，主动承担起相应的国际责任，与其他国家一道为全球气候治理事业而奋斗。2014 年 11 月 12 日，中美气候变化联合声明在北京发表，对中华人民共和国和美利坚合众国在应对全球气候变化这一人类面临的最大威胁上具有重要作用。2015 年 11 月 30 日，中国国家主席习近平出席在巴黎举行的联合国气候大会开幕式，并发表《携手构建合作共赢、公平合理的气候变化治理机制》的重要讲话，明确强调"恐怖主义阻挡不了全人类应对气候变化、追求美好未来的进程"，敦促大会达成一个"全面、均衡、有力度、有约束力"的气候变化协议，提出"公平、合理、有效"的全球应对气候变化解决方案，探索"人类可持续"的发展路径和治理模式。对此，国际社会积极评价习近平为全球气候治理提出的"中国方案"。习近平强调本次会议是全球气候治理的新起点，并呼吁各国代表能一起努力达成具有实际意义的条约。巴黎气候大会的参与国应该一同为全球气候治理贡献力量，在这个过程中，不同的国家应该注意本国实际，注重不同国家之间的差异。发达国家与发展中国家在气候问题上应明确彼此的责任与义务，并尊重对方的发展实际与应对能力，按照实际情况客观分配治理任务。在这次会议上，包括美国、中国和印度在内的20个国家，誓言在未来五年里把它们目前总计100亿美元的清洁能源研发支出增加一倍。2015年上半年，中国向联合国气候变化框架公约秘书处提交了中国国家自主贡献文件，对二氧化碳排放量的峰值规定、早期的预警预报体系的建立以及在应对气候变化方面的基础设施建设都做出了符合中国实际情况的计划部署。2016年6月6日，第八轮中美战略与经济对话在京举行，首场会议即为中美气候变化问题特别联合会议。从会后公布的《第八轮中美战略与经济对话框架下战略对话具体成果清单》可以看出，两国共同应对气候变化与环保合作占据了重要篇幅。在气候治理问题上一次一次的中国发声，都在表明中国正在深度参与全球气候治理，并以有力有为的举措兑现"中国承诺"。

在国际减贫扶贫问题上，中国为国际扶贫事业提出了精准扶贫精准脱贫战略思想引领脱贫攻坚战的中国方案。党的十八大以来，以习近平同志为核心的党中央把脱贫攻坚作为全面建成小康社会的底线任务和标志性指标，纳入"五位一体"总体布局和"四个全面"战略布局，以前所未有的力度推进。五年来，习近平走遍了全国14个集中连片特困地区。中国不断建立与完善扶贫制度体系以及责任体系，2013年至今，中央财政专项扶贫资金累计投入2787亿元，平均每年增长22.7%；省级财政扶贫资金累计投入1825亿元，平均每年增长26.9%。地方政府债务安排了1200亿元，用于改善贫困地区生产生活条件。金融扶贫力度明显加大，中央出台扶贫再贷款政策，安排易地扶贫搬迁专项贷款3500亿元。① 为了增加扶贫精准度，2014年，全国组织80多万人进

---

① 《为全球减贫治理提供"中国方案"》，《经济日报》2017年10月18日。

村入户开展贫困识别。据统计，全国共识别贫困村 12.8 万个、贫困户 2948 万户、贫困人口 8962 万人，基本摸清了我国贫困人口分布、致贫原因、脱贫需求等信息，建立起了全国统一的扶贫开发信息系统。2015 年 8 月至 2016 年 6 月，全国动员近 200 万人开展建档立卡"回头看"，补录贫困人口 807 万人，剔除识别不准人口 929 万人。建档立卡使我国贫困数据第一次实现了到村到户到人，为中央制定精准扶贫政策措施、实行最严格考核制度和保证脱贫质量打下了坚实的基础。脱贫攻坚，最首要的便是解决好扶持谁、谁来扶、怎么扶的问题。党的十九大报告指出要"看真贫、扶真贫、真扶贫"，到 2020 年"我国现行标准下农村贫困人口实现脱贫、贫困县全部摘帽、解决区域性整体贫困"，习近平作出的一系列重大决策部署，为我国脱贫攻坚指明了方向，提供了遵循。在习近平精准扶贫精准脱贫战略思想的指引下，中国的扶贫事业取得了令世人瞩目的成就。精准扶贫精准脱贫战略思想是习近平治国理政新理念新思想新战略的重要内容，以精准扶贫精准脱贫战略思想引领和推动实现十三五脱贫目标，也是统筹推进"五位一体"总体布局、协调推进"四个全面"战略布局，以五大发展理念为引领，全面建成小康社会、实现两个一百年奋斗目标，实现中华民族伟大复兴中国梦的关键一环。

在改革开放以来的近四十年里，中国经济发展取得重大成就，在帮助中国人民实现富起来目标的同时，也为世界脱贫事业做出了巨大的贡献。为了实现全面小康的奋斗目标，建成富强、民主、文明、和谐、美丽的社会主义现代化国家，实现中华民族伟大复兴做出重大贡献，中国不断加快精准脱贫的步伐，并且取得了显著的成就，不仅仅是有利于中国人民，更是对世界脱贫事业带来了积极的影响。2030 年消除极端贫困是联合国可持续发展目标的首要任务，中国的减贫成绩对全球减贫的贡献率超过 70%，在全球减贫方面发挥了重要作用。中国实施精准扶贫战略为国际扶贫事业提供了新的启发。作为全球减贫的良好实践案例之一，中国已经成为其他国家获取减贫知识与经验的重要来源。

中国以负责任的大国身份积极参与国际治理体系的革新与完善，在政治、经济、文化、生态、安全等重要议题领域提出了富有中国特色的中国方案，这些方案不仅仅经过了自身的检验，更是得到了许多国家的拥护与支持。在全球治理领域的中国方案为全球治理开创了新的思考角度，开辟了新的发展道路，开启了新的奋斗征程。

第三节　中国方案丰富人类文明的成果宝库

推动社会向着更加美好的方向发展是人类孜孜不倦的追求。近代以来，世界各国都在追求着经济的快速发展与社会的现代化，不同的国家实现与追求现代化的方法与路径不尽相同，总体而言，当今世界上主要的现代化路径包含了以欧美发达资本主义国家为代表的传统现代化道路，以及以中国为代表的社会主义现代化道路。

一、中国方案开拓发展中国家现代化新模式

以英、美为代表的欧美国家率先开辟出一条极具资本主义特点的现代化道路。欧美资本主义国家也率先进入了世界发达国家行列。这种模式也成为世界上众多发展中国家所模仿与借鉴的发展模式。在世界众多发展中国家企图通过传统的现代化方式推进本国现代化的进程中，人们渐渐发现，一直被自己所模仿与学习的发达国家在这条现代化道路上也

遇到了不少问题，更重要的是，本国在尝试这种现代化道路的同时，也渐渐遇上一些相似的问题。传统的现代化道路存在着资源消耗过度、生产成本过高、先污染后治理的致命性问题，以及生产方式决定的经济制度所带来的分配不均、贫富差距悬殊、两极分化严重、社会矛盾激烈等严重的社会问题。除此之外，由资本主义发展方式特点所导致的周期性的经济危机一直在困扰着众多资本主义国家，束缚着资本主义国家现代化的进程，给世界经济稳定与繁荣带来了极大的隐患。这种现代化方式奉行"国强则霸"的规律，认为发展起来的国家必然会向外推行霸权政治，从而使得这种现代化方式与生俱来带有掠夺的本质，在发展的过程中不断加大着世界发展的不平等性。这种模式在发展的早期，依靠暴力战争与殖民的方式抢掠其他国家的财富作为自己的发展资本，后期则是凭借自身的政治、文化、金融霸权来主导世界经济规则，而在他们主导下建立的国际经济秩序进一步加剧了世界财富的不平等流动。在面临经济危机时，西方国家便会凭借强势地位，把源自本国的经济金融危机输出给广大发展中国家，让发展中国家承担恶果，导致世界经济雪上加霜。

与传统的现代化模式截然不同的便是中国特色社会主义现代化道路。改革开放以来，中国创造了近乎四十年的经济高速增长的中国奇迹，1978—2015 年年均增长率达到 9.6%，用 30 多年的时间走过了发达国家几百年的现代化进程，在经济、政治、文化、社会、生态文明等方面都取得了举世瞩目的发展成就，从一个贫穷落后、温饱不足的国家发展成为世界第二大经济体，成为世界经济增长的最重要引擎。但值得令人注意的是，中国并没有走上"国强则霸"的传统现代化道路，而是开辟了一条中国特色社会主义的现代化新道路。这是一条和平发展的现代化之路，不搞掠夺称霸，倡导合作共赢，中国向各国伸出友谊之手，欢迎各国搭中国经济的"快车""便车";这是一条科学发展、可持续发展、包容性发展的现代化之路,深入把握经济、社会、自然规律,实现生产发展、生活富裕、生态良好的高度统一;这是一条以缩小贫富差距、实现共同富裕为价值取向的现代化之路,坚持以人民为中心的发展思想,始终着眼于改善民生和促进人的全面发展。实践证明,中国为破解西方传统现代化困境提供了"中国方案",实现了对西方现代化道路的成功超越,拓展了当今世界认识和推进现代化的新境界。[1]

中国现代化方案倡导将现代化目标与民族发展目标相结合,凝聚全民族的力量为现代化事业而奋斗;中国现代化方案注重从实际出发,实事求是,与时俱进;中国现代化方案倡导创新、协调、绿色、共享、开放的新的发展理念。传统的现代化道路往往缺乏明确的发展目标,而目标的缺失则容易导致发展道路中的方向迷失。中国在发展的过程中格外重视目标的确立。1987年10月,党的十三大提出了中国经济建设分三步走的总体战略部署:第一步目标,1981年到1990年实现国民生产总值比1980年翻一番,解决人民的温饱问题,这在20世纪80年代末已基本实现;第二步目标,1991年到20世纪末国民生产总值再增长一倍,人民生活达到小康水平;第三步目标,到21世纪中叶人民生活比较富裕,基本实现现代化,人均国民生产总值达到中等发达国家水平,人民过上比较富裕的生活。在提前完成了"三步走"战略的前两个目标之后,党的十五大把"三步走"战略的第三步进一步具体化,提出了三个阶段性目标:21世纪第一个10年,实现国民生产总值比2000年翻一番,使人民的小康生活更加富裕,形成比较完善的社会主义市场经济体制;再经过10年的努力,到建党100周年时,使国民经济更加发展,各项

---

① 唐洲雁:《不断开拓中国特色社会主义事业新境界》,《人民日报》2016年5月13日。

制度更加完善；到 21 世纪中叶新中国成立 100 周年时，基本实现现代化，建成富强、民主、文明的社会主义国家。党的十九大更是开启了中国现代化的新时代：中国在 2020 年全面建成小康社会后，将先用 15 年的时间基本实现社会主义现代化，然后在此基础上，再用 15 年，到 2050 年建成富强民主文明和谐美丽的社会主义现代化强国。正是中国在现代化的过程中不断地坚持向着目标前进，并且在不同的历史阶段将宏伟的目标具体化，所以为中国人民实现现代化提供了具体的行为指导与美好目标的指引。中国在追求现代化的道路中，也曾出现过由于发展方式落后而带来的环境破坏与资源浪费等问题，但中国汲取了西方国家的发展经验，并对本国发展现状与要求有着清楚的认识，中国也认识到科学的发展理念的必要性与紧迫性，并在发展中不断完善本国发展理念以为发展提供正确的方向保障。

中国在中国特色社会主义现代化道路上所取得的成就与西方国家的发展模式现状形成了对比，作为世界上最大的发展中国家，中国的现代化道路对于广大谋求现代化的发展中国家有着极为重要的借鉴意义。

二、中国方案实现世界社会主义运动新发展

人类从未停止对美好社会制度的探索与追求。经历了两次世界大战之后的世界，在对战争进行反思的同时，人们追求美好社会制度的欲望愈加强烈。在马克思主义的指导下，社会主义先后在欧洲、亚洲、拉美一系列国家取得胜利并形成了世界社会主义体系。但是新生事物的发展道路总是曲折的，世界社会主义运动在坎坷中发展，20 世纪 90 年代以来的苏联解体与东欧剧变，给世界社会主义事业带来了极大的打击，让世界上那些曾经向往社会主义制度的国家心生疑虑。在人们看来，世界社

会主义运动可能就因此衰弱下去，无法再与强大的世界资本主义力量相抗衡。但是，令世人惊艳的是，在21世纪的东方大地上，中国向世人举起了中国特色社会主义的大旗，再次让科学社会主义在世界上散发出耀眼的光芒。中国方案实现了世界社会主义运动的新发展。

中国方案丰富与充实了马克思主义的理论宝库。中国共产党一直很重视科学理论的指导，并注重在实践的过程中紧紧追随时代发展的步伐，与时俱进，不断创新理论指导，为社会主义实践提供科学理论指导的保障。中国共产党坚持将马克思主义作为自己的指导思想，在进行革命、建设与改革的过程中不断实现马克思主义的中国化，逐渐形成了毛泽东思想与中国特色社会主义思想体系。中国特色社会主义理论体系包含了邓小平理论、"三个代表"重要思想、科学发展观，以及马克思主义中国化的最新成果，即习近平新时代中国特色社会主义思想。

毛泽东思想是被实践证明了的关于中国革命与建设的理论原则与经验总结。党的十一届三中全会之后，中国共产党人在深刻分析世界形势与总结本国发展经验的基础上，开辟了中国特色社会主义道路，形成了关于中国建设与发展社会主义的中国特色社会主义理论体系。在科学理论的指导下，中国始终坚持并不断发展社会主义，在实践领域取得了众多令世人瞩目的成就，向世界人民证明了社会主义的科学性，并且中国人民还将继续向世界证明社会主义将会为人类带来更加幸福美好的未来。

中国方案推动了社会主义运动实践的发展。在马克思主义中国化的理论成果指导下，中国人民秉持着艰苦奋斗的优秀传统，不断开拓着社会主义实践。在毛泽东思想的指导下，中国人民取得了新民主主义革命的胜利，实现了民族独立，人民当家作主，在社会主义道路探索的过程中取得了初步的成果，为后来的中国特色社会主义事业打下了物质基础，提供了理论指导，留下了实践经验，从此，世界上少了一个备受欺凌的半封建半殖民地国家，多了一个独立自主、奋斗自强的新中国，世界社会主义又新添了勃勃生机。在中国特色社会主义理论体系的指导下，中国各族人民紧紧团结与围绕在中国共产党的周围，以经济建设为中心，坚持四项基本原则，坚持改革开放，为把我国建设成为富强、民主、文明、和谐、美丽的社会主义现代化国家而奋斗。在科学理论的指导下，中国人民不断推动社会主义实践向前发展，以世界上都极少出现的较快速度实现了稳定发展。中国在社会主义道路上取得的成就足以让世人惊叹，更是改变了世界各国对于社会主义的看法，不再是以前的偏见与傲慢，而是现在的敬佩与向往。中国人民伟大的社会主义实践更是为世界社会主义国家发展提供了非凡的借鉴意义，为坚持社会主义道路的小伙伴们提供了自信与鼓励。

中国方案不仅丰富与发展了马克思主义理论，为社会主义实践提供了科学理论的指导，更是为世界上实践社会主义的国家和民族提供了经验借鉴，在实践层面推动了世界社会主义的发展。

三、中国方案彰显人类政治制度道路新选择

在纪念中国共产党成立 95 周年大会上，习近平同志郑重宣示，中国共产党人和中国人民完全有信心为人类对更好社会制度的探索提供中国方案。[①] 坚持党的领导、人民当家作主、依法治国的有机统一，是中国共产党探索社会主义政治道路的基本经验，突出了中国特色社会主义的特点与优势，是中国社会发展与进步的根本制度保障。中国特色社会

---

① 习近平：《在庆祝中国共产党成立95周年大会上的讲话》，新华社，2016年7月1日。

主义事业取得的成就离不开正确的政治制度道路的选择，中国的实践经验与实践成果也向世界人民证明了中国特色社会主义道路的正确性，同时也引发了世界各国对本国政治制度道路选择的深刻反思与理性思考。

近代以来，人类民主政治主要分为资本主义民主和社会主义民主。在人类社会的政治实践中，也分别有不同的国家选择了二者，也存在尝试了其中一种而不得果后转而实践另外一种民主政治模式的国家，中国便是这样的国家。由于中国具有本国特殊的具体国情，资本主义的道路在中国行不通，中国人民转而尝试了社会主义民主方式，在坎坷中逐步实现了民族的独立，进而慢慢实现了人民的富裕，正在向着伟大复兴的民族梦想前进。在过去三百余年的世界政治发展进程中，西方发达资本主义国家从主宰国内政治到主宰世界政治，建立了帝国主义殖民体系。20 世纪中期的社会主义建国运动和亚非拉民族解放运动，是对资本主义全球化的对冲和反抗，瓦解了西方主导的殖民体系。当赤裸裸的经济掠夺碰壁之后，西方资本权力转而以柔性的"文化帝国主义"面目出现，俘获了一些发展中国家的权贵，在这些国家打赢了思想观念上"没有硝烟的战争"，促成了所谓"第三波民主化浪潮"。而在这场来势汹涌的浪潮中，中国靠强大的国家自主性扛了过来，坚守了人民民主阵地、高扬了人民民主价值，成为世界上体量最大的人民民主国家。

资本主义民主政治习惯于"西方中心论"的思维方式，体现在其政治文明理论中，便是"历史终结论"，这种观点认为世界上只能有西式民主这一种政治文明形态，不符合西式民主的政治文明都是"非民主"的或"威权主义"，必然要转型为西式民主。这种观点的不足表现为忽视了世界政治文明的多样性，忽视了本国文化传统与实际国情对政治制度的影响。虽然英、美等国通过资本主义道路实现了转变为发达国家的目的，但是"二战"以后，世界上存在 150 个左右的发展中国家，但没有一个因为实行了西方自由主义民主而进入发达国家行列。政治形式的一致性并不能保障有一个国家走上发达国家行列，因为本国的独特文化传统与特殊的社会结构直接制约着政治制度的作用发挥。中国在发展社会主义民主的道路上，并没有直接套用苏联的发展模式，而是与中国的具体情况相结合，发展具有中国特色的社会主义。中国的政治制度道路的选择启示着世界各国的选择要与本国实际相符合，借鉴他国的经验更是要与本国特殊国情相结合。

坚持中国共产党的领导是中国发展中国特色社会主义的重要经验。中国的历史证明，没有中国共产党，就没有现在的中国。在中国，坚持中国共产党的领导有利于为中华民族伟大复兴的事业提供有力的正确保障，有利于凝聚全国各族人民为共同的理想而奋斗，有利于为中国的发展创造稳定和平的国际国内环境。中国的这一发展经验向世界证明了民主与集中的完美融合，启示着世界各国提高政策决策效率与质量的新途径，启示着世界各国避开多党执政带来的混乱与争斗的新思路，启示着政治制度道路的新选择。

人民当家作主是发展中国特色社会主义的另一重要经验。马克思主义的历史唯物主义认为，人民是历史的创造者，中国的历史也证明了人民群众的力量是无限的。中国发展社会主义要依靠广大人民群众，发展成果要由人民群众所享用。中国坚持民主基础上的集中与集中指导下的民主，启示着资本主义政治制度下的国家除了在民主选举时充分发挥民主的作用，更要在选举之外的时间发挥民主的作用，让民主真正落到实处。

依法治国是中国发展中国特色社会主义的又一重要经验。在中国，法律是人民意志的体现，是在中国共产党的领导下实现人民当家作主的基本途径。中国的这一经验启示着世界各国民主与法治应实现更为充分的融合，民主是法治的目的，法治是民主的保障。除了"三权分立"，一个国家也可以通过执政党与人民意志的统一从而保障民主，并且减少权力分散所致的效率低下与互相扯皮的缺陷。

"为人类不断作出新的更大的贡献，是中国共产党和中国人民早就作出的庄严承诺。"① 中国人民在探索中国特色社会主义政治文明的同时，也为世界各国的政治制度道路提供了新的选择。

---

① 习近平:《在庆祝中国共产党成立 95 周年大会上的讲话》，新华社，2016 年 7 月 1 日。

第六章

中国话语影响世界

2017 年 1 月 17 日和 18 日，习近平分别在达沃斯世界经济论坛年会和联合国日内瓦总部发表题为《共担时代责任共促全球发展》《共同构建人类命运共同体》的演讲。这两篇演讲引发强烈反响，国际舆论普遍认为，这两篇演讲顺应世界发展大势，反映世界人民心声，为人类发展指出一条康庄大道。一年来，联合国和众多国际组织的有关文献多次引用这两篇演讲的主题和内容，国际政商界、思想文化界等反复提及这两篇演讲，其影响在持续扩大。

有史以来，我国思想理论对于西方和其他国家产生直接而广泛的影响，间或有所呈现，但像这两篇演讲这样，形成这么及时、直观、全面而深远的影响，实属鲜见。这两篇演讲，"立天下之正位，行天下之大道"，表明中国话语进入了"强起来"的新时代，显现"强起来"的大国责任担当和道义力量；解答时代问题，凝聚各国共识，体现中国的全球治理观、全球发展观，代表中国在新世纪新时代为全球治理贡献的中国智慧和中国方案，彰显出中国特色社会主义道路自信、理论自信、制度自信、文化自信。中国话语正走向世界、走进世界、影响世界，为全人类社会发展提供更多新的参照和启迪、借鉴和选择。

话语是一个国家软实力和巧实力的集中体现，蕴含着一个国家的文化密码、价值取向、核心理论，决定其主流意识形态的地位和国际话语权的强弱。话语权的巩固与提升，既取决于国家的硬实力，又直接体现为话语的成熟和话语体系的完善。当代中国话语，主要指中国特色哲学社会科学话语体系，包括对内和对外两个方面。对内话语权即主流意识形态话语权，主要在于巩固马克思主义在意识形态领域的主导和引领地位；对外话语权则是指中国在国际上的话语权力和话语能力。

从词源学的视角来看，汉语中的"话语"是从英语"discourse"翻译而来，而"discourse"又是从古法语、拉丁文逐渐演变而来的。在法语语境中，"话语"的内涵非常接近于聊天、自由交谈、即席谈话、陈述、高谈阔论、语言或言语。① 在拉丁文语境中，"discursus"是动词"discurrere"的过去分词，由"dis"和"currere"组成。"dis"有"穿梭"、"分离"的意思，"currere"主要的意思是"跑（动）"。由此可知，"话语"实际上是一个双向互动的过程，这就说明了在话语互动的过程中必定存在话语主体、话语客体（话语对象）以及话语内容、话语范式、话语方法和话语工具。

从哲学的视角来看，苏联哲学家哈伊尔·巴赫金（Mikhail Bakhtin）的"对话理论"提出"任何现实的已说出的话语（或者有意写就的词语）而不是在辞典中沉睡的词汇都是说者（作者）、听众（读者）和被议论者或事件（主角）这三者社会的相互作用的表现和产物。"② 这一观点认为任何话语都有说话者和对话者，话语是说话者和对话者的相互作用的产物。法国哲学家米歇尔·福柯（Michel Foucault）虽然没有直接明确地界定"话语"这一概念的内涵，但是他的诸多著作都针对"话语的形成""话语的单位""话语与权力"等内容进行了研究。在《知识考古学》中福柯提出："话语称为陈述的整体因为它们隶属于同一个话语形成；这个语句的整体不形成某个修辞的，或者形式的，可无限重复的

---

① 赵一凡：《西方文论关键词》，外语教学与研究出版社 2006 年版，第 224 页。
② 巴赫金：《巴赫金全集（第二卷）》，钱中文译，河北教育出版社 1998 年版，第 92 页。

单位和我们能够指出它在历史中的出现或者被使用的单位，它是由有限的陈述构成的，我们能够为这些陈述确定存在条件的整体。"①这一观点认为话语是由具体的陈述构成的，陈述是话语的组成原素。在《词与物》中福柯认为，话语就是展示一定外在功能的符号体系。这就说明了话语不是凭空产生与发展的，它由各种条件构成又通过符号化的方式将这些条件表达的一种过程或机制。换句话来说，话语是由一系列"硬实力"支撑的"软实力"。

我们这里所讲的"中国话语"，是一个国家视角的命题，故要先从国际政治的语境对话语构建中的各个概念、要素进行分析。话语过程中的话语主体即话语施加方就是世界上的各个国家或地区；话语客体即话语对象的范围可大可小，既可以是某个国家或地区中的某个事件、群体、区域，也可以是针对整个世界而言，但实际上多以国家为单位，这体现了话语对象的层次性。需要注意的是，话语客体的不同层次之间是相互联系的，如某个国家通过政治宣传、文化渗透等话语手段造成了世界范围的影响，那么这种影响势必会影响到世界其他国家或地区以及这些国家或地区中的某个群体、区域。话语主体对话语对象施加话语影响不是凭空的，需要具体的媒介来充当"船"和"桥"的作用，这个媒介就是话语方法和话语工具。话语方法非常多样，有经济影响、政治宣传和文化渗透等，这些方法通过外交、媒体等话语工具落实。

当然，在话语传播的过程中，话语主体与话语客体的位置是会发生转化的。每个国家或地区几乎都把本国或本地区当作是话语主体即话语的施加方，这是从自身的角度出发来判断话语主体与话语客体。以全球视角来看，虽然每个国家或地区可以被认为是话语主体，但同时它们也

① 米歇尔·福柯:《知识考古学》, 谢强、马月译, 生活·读书·新知三联书店2003年版, 第129页。

是相对于其他国家或地区的话语客体。面对这样的情况，"话语权"的概念引入就显得十分有必要。从国内政治角度来看，话语权是指统治阶级维护其统治的一种工具，以及在国家政治、经济、社会生活中，社会成员就公共问题表达观点立场的权力。从国际政治角度来看，话语权则是国家在国际事务中发表立场、主张的资格，以及国家谋求参与世界政治格局、制定国际政治经济规则、引导世界主流舆论、传播国家价值观念等国际行为的权力。[1] 通俗来讲就是本国说的话、表达的内容，别国听不听、认不认可、尊不尊重，有没有世界影响力。两个国家在国际博弈中都向对方施加话语影响，掌握更多"话语主动""话语力量"的一方在"话语权"的语境下当然更符合"话语主体"的地位。在此影响下，世界各国与各地区争夺"话语权"就显得十分自然和必要了。

按照这个逻辑，在"中国话语"语境中，中国是话语主体，世界各国以及其范围内的各个组成部分都是"中国话语"的话语客体。中国话语的关键是"中国"，中国话语有其独特性，这种独特性表现在中国特色的国家情况（国家问题）、中国特殊的历史基因和中国特别的文化脉络上。

中国作为具有几千年历史的文明古国，本身就具有一套完整的传统话语体系。在新民主主义革命时期，各种社会思潮也给"中国话语"的形成提供了大量的"话语方案"。在社会主义革命、建设和改革时期，党的历代领导集体高度重视话语体系的构建，力求在世界上发出"中国声音"，形成了中国特色的革命话语体系、马克思主义中国化的话语体系等。但是，在过去一段时间里，我们也常常面临着"行动的巨人，话语的矮子""失语"等窘境，面临着"发展优势未转化为话语优势""西

---

[1] 王越、王涛：《文化软实力提升中国话语权探究》，《东北师大学报》（哲学社会科学版）2013 年第 5 期。

方话语霸权""中国话语体系不完善"等难题。我们也逐渐明白，中国话语的影响力不仅体现在中国所发声之量，更体现在中国所发声之质。当今的中国是一个对世界经济增长贡献超过 30% 的大国，随着中国"硬实力"的增强，对"软实力"的需求也在不断地提升，"中国话语"的构建显得尤为迫切。随着全方位外交布局的深入展开，我国国际影响力、感召力、塑造力进一步提高，中国声音必将在世界上越来越响亮、中国话语的世界影响也会越来越大。

第一节 中国话语为世界话语体系构建创造活力

话语构建是以经济、政治实力为基础的，世界话语体系的构建也是围绕世界各国的经济、政治的现实状况展开的。

从国际关系的视角来看，在 20 世纪的世界历史上，先后出现了凡尔赛—华盛顿体系，雅尔塔体系和后冷战体系。凡尔赛—华盛顿体系，是以西方国际关系理论中理想主义为基础建立起来的，本质上是西方国家内部采取利益分配的原则建构的世界体系，在这个体系中，西方国家占主导地位，西方各国也是实力相对均衡的话语主体。但在这一体系中，非西方国家毫无"话语权"，在世界话语体系中处于"话语受众"的地位。然而，在以现实主义理论为前提建立和运行的雅尔塔体系中，非西方的"他者"开始在体系中占据重要的位置。① 以苏联为首的社会主义阵营成了"东西对立"中的一方。之后，随着第三世界新兴力量的崛起，世界体系的变化更加剧烈了。但在这一历史时期，世界话语体系

---

① 刘笑盈：《"他国崛起"与世界话语体系的重构》，《思想理论教育》2014 年第 9 期。

实际上还是"两极格局"的状况。"冷战"结束前后是世界经济、政治的重要转折点。由于苏联的解体,世界社会主义运动经历了挫折,受到了极大地打击。在这个时期,世界上几乎所有的国家都开始了对外开放、政治民主化和市场经济的改革,以美国为首的西方国家抓住时机,利用经济全球化等方式控制了一部分第三世界国家的经济命脉,形成了"权力威慑",西方话语体系再次占据了世界的主流和历史的高点,成为了世界体系以及世界话语体系的霸主。同时,以福山为代表的西方学者也提出了"历史终结论"等宣扬资本主义优越性的观点。但是,进入21世纪以来,随着世界经济、政治发展到一个新的阶段,世界体系以及世界话语体系发生了深刻的变革。第三世界的国家谋求经济、政治独立自主的行为同以美国为首的西方国家的霸权主义形成了冲突,正在不断崛起的国家同西方大国也存在着各种各样的矛盾,不同文明间也存在着冲突。面对这样的情况,世界话语体系的变革是一个大的趋势。但有关"世界话语体系该怎么变?"的话题却始终没有一个确切的答案。西方学术界关于这个问题也有不同的看法,一个是美国著名学者亨廷顿的文明冲突理论;一个是以温特等人为代表的"建构主义"理论;另一个就是以约瑟夫·奈伊的"软实力"理论为代表的沿着霸权理论继续发展的文化霸权理论。

不过,随着中国的崛起,世界舞台上的中国声音、世界话语体系变革中的"中国因素"愈发地成为世界性的关注热点,与此同时,以美国为首的西方国家所主导的世界话语格局出现了松动。以国际金融危机、美国退出 TPP、美国退出《巴黎协定》等现象为凸显,以中国推出"一带一路"倡议、筹组亚投行、英德法意加违背美国意志组团加入"亚投行"为佐证,美国在西方世界的代表性正在下降,西方世界的地理板块正在分化,西方世界的统一性正在削弱,西方世界的概念体系正在瓦解，归根结底，美国的统治能力和主导能力正在退化。① 与之形成鲜明对比的是中国的国际影响力正显著地增强。"实施共建'一带一路'倡议，发起创办亚洲基础设施投资银行，设立丝路基金，举办首届'一带一路'国际合作高峰论坛、亚太经合组织领导人非正式会议、二十国集团领导人杭州峰会、金砖国家领导人厦门会晤、亚信峰会，倡导构建人类命运共同体，促进全球治理体系变革。我国国际影响力、感召力、塑造力进一步提高，为世界和平与发展作出新的重大贡献。"② 在新的历史时期，中国话语的发展与壮大为世界话语体系变革注入了新的活力。

一、中国话语充盈话语体系元素

中国的崛起实际上代表着一种新的国家发展模式的崛起，中国的成功意味着一种新的现代化道路的成功。由此产生的中国话语源于马克思主义的价值立场，源于社会主义的内在追求，源于中国特色的实践元素、源于传统文化的优质基因，源于对西式现代化的积极扬弃。这些中国话语的构成要素在支撑中国在国际舞台上发出属于自己的声音的同时，也丰富了世界话语体系的构成元素，使中国话语成为世界话语体系的有机组成部分，归根到底是促使世界话语体系朝着更加开放、更加宽容的方向发展。

价值观是话语体系的内容与核心，也是话语体系的深层本质，形成一套有效的价值话语体系，是建构当代中国话语体系的基础。③ 马克思

---

① 陈曙光：《中国时代与中国话语》，《马克思主义研究》2017 年第 10 期。

② 习近平：《决胜全面建成小康社会　夺取新时代中国特色社会主义伟大胜利——在中国共产党第十九次全国代表大会上的报告》，《人民日报》2017 年 10 月 28 日。

③ 赵士发：《价值观与当代中国话语体系的构建》，《理论视野》2017 年第 3 期。

主义的价值观是当代中国话语体系价值内涵的"主旋律"与核心。马克思主义哲学是无产阶级的思想武器，它始终以无产阶级和广大人民群众为价值主体，追求个人的自由而全面发展与人类的解放。在当今世界，虽然有不少西方学者也研究马克思主义，并且还形成了相应的"学派"，但从根本上来说，在西方话语体系中，马克思主义的价值立场不被当做构成西方话语体系的基本元素之一，这是由资本主义的本质决定的。马克思主义价值立场与资本主义的冲突具体表现为马克思主义反对私有制条件下的贫困和两极分化、反对资本主义的对立冷漠与自私自利、反对狭隘的民族主义、反对资本主义条件下人与人之间的尔虞我诈、反对资本主义条件下的不劳而获，等等。纵览全球，只有在社会主义国家中才会真正把马克思主义的价值立场当作国家话语体系的构成要素。党的十九大报告多次提到坚持马克思主义、推动马克思主义中国化，"二十一世纪中国的马克思主义一定能够展现出更强大、更有说服力的真理力量"① 等重要论述。就实际而言，在21世纪的今天，既坚持马克思主义的价值立场又有能力推动其走向世界的国家只有中国。因此，在新的历史时期，随着中国的国际影响力不断加大，中国话语的影响走向纵深，马克思主义的价值立场也逐渐成为当今世界话语体系的基本构成要素之一。

"冷战"结束以后，世界上鲜有强有力的"社会主义话语"，这是因为在以西方为主导的世界话语体系中，社会主义话语体系处于一个边缘地带。但是，随着中国的崛起，这种情况得到了改变。党的十九大报告强调："中国特色社会主义进入新时代，意味着科学社会主义在二十一

---

① 习近平：《决胜全面建成小康社会　夺取新时代中国特色社会主义伟大胜利——在中国共产党第十九次全国代表大会上的报告》，《人民日报》2017年10月28日。

世纪的中国焕发出强大的生机活力"。① 社会主义话语又有了重新进入世界话语体系中央的机会。除去政治、经济支撑，社会主义话语体系表现为社会主义的内在追求，而社会主义的内在追求集中体现在社会主义共同理想与社会主义核心价值观上。党的十九大报告指出："我们生活的世界充满希望，也充满挑战。我们不能因现实复杂而放弃梦想，不能因理想遥远而放弃追求。没有哪个国家能够独自应对人类面临的各种挑战，也没有哪个国家能够退回到自我封闭的孤岛。"② 这里的理想既指社会主义共同理想与共产主义远大理想，又指人类社会的共同理想，这两者本质上是统一的。这就说明了社会主义内在追求成为世界话语体系的构成元素不仅仅是因为中国的经济政治力量变强了、中国话语的影响力扩大了，还和其本质内涵与人类共同追求的同一性、一致性有关。

在过去几十年中，中国的发展被认作是"世界的奇迹"，中国的发展模式已经为世界各国提供了一种发展范式与借鉴。这就引发了人们对中国特色实践经历的思考。除此之外，中国历来秉持着"欢迎其他国家搭上中国发展的顺风车"的观念，希望为世界的发展贡献中国方案、中国智慧。这种开放、包容的心态使中国特色实践经历在世界上更具有吸引力。概括说来，中国特色实践经历之所以能够成为世界话语体系的构成要素既和其本身的成功有关，也得益于中国开放、包容的心态。

中国是一个有着几千年文明史的古国，也是四大文明古国中文化传承唯一没有断裂的国家。在几千年的历史发展过程中逐渐形成了具有历史厚度与理论深度的中华优秀传统文化，这种文化样态具有深远的持久

---

① 习近平：《决胜全面建成小康社会　夺取新时代中国特色社会主义伟大胜利——在中国共产党第十九次全国代表大会上的报告》，《人民日报》2017 年 10 月 28 日。

② 习近平：《决胜全面建成小康社会　夺取新时代中国特色社会主义伟大胜利——在中国共产党第十九次全国代表大会上的报告》，《人民日报》2017 年 10 月 28 日。

性与潜移默化性，早已熔铸到中华民族的血脉之中，同时也伴随着全球化的进程，日益彰显其民族性特质，正在产生越来越广泛的世界性影响。从话语构建的内容维度来讲，中华优秀传统文化是中国话语的源头活水；从话语构建的工具维度来讲，中华优秀传统文化是中国话语传播的有力工具与有效载体。由中华优秀传统文化而衍生的"儒家文明"等被西方学者亨廷顿认为是当今世界最有力量的几大文明之一，被看作是中国的代表。实际上，中华优秀传统文化一直都是世界话语体系的重要组成部分，可以被认为是基本要素之一。党的十九大报告强调："深入挖掘中华优秀传统文化蕴含的思想观念、人文精神、道德规范，结合时代要求继承创新，让中华文化展现出永久魅力和时代风采。"[1]在新的历史时期，我们将马克思主义基本理论、中国特色社会主义具体实际与中华优秀传统文化相结合，不断地丰富其内涵，赋予其新的时代意义，实现了创新。这种创新为本就是世界话语体系的构成要素的中华优秀传统文化注入了时代活力。

长期以来，由于西方世界在政治、经济上的优势地位，其话语构建模式也对其他国家具有天然的吸引力。在其他国家构建自己话语体系的过程中，西方话语体系反倒是愈发地巩固了。这种情况在中国话语发展过程中也出现过。但是，随着中国各项发展实现质的飞跃，中国特色社会主义进入了新时代，在中国话语的构建过程中出现了越来越多的"中国话"。这使世界话语体系建构方式由单一走向多元，激励了其他国家勇于用"本国话"表达"声音"。

---

① 习近平：《决胜全面建成小康社会　夺取新时代中国特色社会主义伟大胜利——在中国共产党第十九次全国代表大会上的报告》，《人民日报》2017 年 10 月 28 日。

二、中国话语打破西方话语霸权

"冷战"结束以后，以美国为首的西方国家在全球经济、政治上占据主导地位，其在世界话语体系中也形成了话语霸权。这种话语霸权体现在话语议题由西方设定，话语规则由西方制定，话语真伪由西方裁判。如凭借对民主概念定义权的垄断，有目的歪曲和异化民主的原意；凭借对民主理论和实践阐释权的垄断，任意地美化和神化西方民主；凭借对民主发展状况评判权的垄断，肆意地丑化和妖魔化非西方民主。①西方的话语霸权主要是由两个方面决定的，即显性因素与隐性因素。显性因素就是西方国家一方面通过军事力量对世界其他国家形成压制，"指哪儿打哪儿"形成威慑效果；另一方面通过经济手段借助经济全球化趋势对其他国家的经济命脉形成控制，使一些国家"不得不听话"。不过，任何国家都不能依靠"肌肉"来强制推行自己的价值实现模式。隐性因素就是一方面西方国家利用西方新闻文化的内在扩张力采取媒体压制的手段。当今西方国家的大众媒体系统十分发达，这帮助西方国家形成了历史上从未有过的文化强势和话语强权。少数西方大国垄断了世界上绝大部分的信息传播资源，其报纸、广播、电视以及通讯社大量传播西方世界的价值观。在诸如人权、个人价值、国家与社会的观念方面，西方国家通过话语霸权，建立了强大的意识形态传播体系，而广大发展中国家在这方面的竞争中处于被动接受的地位，在潜移默化的过程中形成了对西方话语体系的认同，助长了西方对于话语解释权的垄断。不可否认，西方提倡的自由、人权等价值观念与话语内容在推翻封建统治、促进资本主义发展过程中曾经起到过重要作用，但是这些价值理念

---

① 周亚东：《西方民主话语霸权及其式微》，《江淮论坛》2017 年第 2 期。

也有一定的适用范围与边界。我们应当看到，虽然西方话语推行的价值观念存在认同人类某些共同价值追求的成分，但这些所谓的"普世性"的价值理念在具体的实践过程中必定是特殊的。世界上每个国家与民族都有权利根据自己的实际情况来实践、发展、丰富这些价值原则，并不存在所谓的"普世价值"实践形式。另一方面，由于历史的积累，当今世界话语体系所采用的学术话语大部分来源于西方国家。这就使世界其他国家在建构自己的话语体系时自觉或不自觉地说"西方话"，这种垄断的西方话语范式巩固了西方国家的话语霸权。

话语以"硬实力"为支撑，在新的历史时期，我国经济、政治、军事等力量均得到了突破性的发展，我们所取得的历史性成就是全方位、深层次、宽领域的，中国国家"硬实力"得到了飞跃，中国越来越接近世界舞台的中央，一个负责任的大国形象深入人心。在经济上，我们有独立、完整的工业体系；在政治上，我们有中国共产党的坚强领导；在军事上，我们正向建设世界一流军队迈进。可以说，当今的中国不仅在"硬实力"上不惧世界上任何一个国家，甚至还利用自己的"硬实力"影响世界、引领世界、激荡世界。这些都说明中国不仅有不惧"被说"的"勇气"，更有主动"发声"的"底气"，不做"沉默的他者"，争做"话语的先锋"。

中国不仅是一个人口大国，也是一个文化样态殊别的文明古国，更是一个社会主义国家。这些历史和现实条件赋予了中国构筑起中国特色话语范式的才能和特质。中国特色话语范式植根于中国独特的历史文化背景和发展道路。一方面，话语范式的形成蕴含着中华民族特有的思维方式；另一方面，话语范式的发展有自己的历史逻辑和变化规律。话语范式的变迁是历史文化的积累过程，也是社会发展的必然要求。只有立足于本国国情，才能延续经典话语范式的生命力，并结合时代特点和社会发展的不同阶段进行继承和转换，实现话语范式的丰富和创新，不能够照搬、照抄西方的话语范式。

以人民为中心是中国特色话语范式的核心；中国话语的特色是"为人民代言"，中国话语的任何言说与内容本质上都是"为人民说话"，这有别于资本逻辑主导下的新自由主义话语，也不同于权力逻辑主导下的特权阶层话语。"为人民说话"，这是由马克思主义的立场决定的，由执政党的性质决定的，由社会主义制度的属性决定的。人民是创造历史的主体，中国话语只能说出人民的心声，为人民代言，替百姓说话，始终代表最广大人民的根本利益。这决定了中国话语体系本质上有别于西方话语体系，同时也说明了以人民为中心的话语体系打破了世界话语体系中的单一格局。

中国话语体系价值取向是中国话语的内容，只有明确中国话语体系的价值取向才能进一步打破西方话语霸权，拓展话语空间，实现与西方平等对话。"中国话语权的构建要立足于社会主义意识形态的明晰性，明确地、自信地、理性地表达以社会主义'核心价值'为特征的国家意志，坚定地按照自己的'话语价值'取向构建和形成中国特色社会主义的'叙事框架'、概念体系、语言形式。"① 这就说明西方价值体系不能成为中国话语的价值支撑，中国话语体系构建必须紧紧围绕中华优秀传统文化和社会主义核心价值观。西方话语体系是以资产阶级意识形态和价值观念为指导的，和社会主义国家的本质相冲突。当然，对于西方话语中能激发共识的价值观念，我们还是应当予以扬弃并与中国传统文化中的价值观念进行融汇，如"和谐社会""和谐世界"的发展理念。只有建构蕴含中国价值的话语体系，中国话语才能"立"起来。中国的崛

---

① 竹立家：《中国话语要让世界听得懂》，《人民论坛》2013年第5期。

起为世界提供了一条与资本主义社会完全不同的新的发展道路,与此相应,中国话语也应当为世界提供一套与西方主流思想和价值观念不完全相同的价值体系。中国特色社会主义话语有自己的价值追求不仅是中国对世界文明的贡献,也是中国为改变世界话语生态失衡所作的贡献。

中国特色的实践经验是中国话语的命脉;中国话语要建立体现自身特色的话语范式,首先要有坚定的立场,那就是始终从中国问题出发,以马克思主义话语体系为基础,构建新时代的话语体系,不能做"墙头草";其次是要积极创新,适应时代发展新形势,根据时代发展变化不断创新思维方式,结合中国发展的具体实践不断丰富话语范式,形成自身特有的思维模式。再次是要勇于进取,要清楚地认识到任何一种话语范式都有其自身局限性,要在结合客观实际、凝聚人民共识的基础上,积极将体现中国特色、中国风格和中国气派的话语体系推向世界,赋予中国话语更强的生命力。话语是理论的外化和表达形式,理论是话语的依托。我们要清楚地认识到西方话语不能和世界话语画等号,这是因为西方理论本质上属于西方,是西方特殊性语境下的产物,是西方模式的理论形态,西方理论不能为中国话语提供学理支撑。所以这套话语不是放之四海皆准的,中国并不适用。而对于中华传统文化,我们是不是就要全盘继承呢?也不是的。当今世界的变化速度已经在一定程度上超出了传统文化的理解范围,我们也不能够使用传统的话语体系。一切都是以中国特色社会主义的实践为准绳的。改革开放以来,围绕"什么是社会主义、怎样建设社会主义""建设一个什么样的党、怎样建设党""实现什么样的发展、怎样发展"等一系列基本问题,我们党形成了包括邓小平理论、"三个代表"重要思想、科学发展观、习近平新时代中国特色社会主义思想等在内的中国特色社会主义理论体系。中国现代化建设成就世人瞩目,这不仅是对中国道路的认可,更是对中国特色社会主义理论体系的肯定。在新的历史时期，我们也应该有这样的理论自信，而这样的自信源于中国特色社会主义的伟大实践。

党的十九大报告强调："中国无论发展到什么程度，永远不称霸，永远不搞扩张。"① 这种不称霸不仅是经济、政治、军事这些"硬实力"的不称霸，同时也是中国话语这种"软实力"的不称霸。中国追求建立和谐、包容的世界话语体系，也致力于追求人类共同理想与共同发展。所以，打破了西方话语霸权的中国，更不会构筑出属于自己的话语霸权。西方话语霸权的终结绝不意味着中国话语霸权的崛起，绝不意味着东方中心主义取代西方中心主义，中国话语的崛起绝不会是历史的简单重复。在中国话语的逻辑中，没有处于依附地带的"你们"，更不存在被遗忘、被孤立、被排斥的"他们"，大家都是朝夕相处、命运与共的"我们"。②

中国特色的话语范式不仅打破了西方国家对话语范式、学术话语的垄断，也为世界上的其他国家提供了构建本国话语范式的新思路。世界话语体系本身是帮助各国反映诉求、相互交流的国际平台，但受制于生产力的限制，在当今时代却成了各国争夺对世界控制权的工具。中国话语的崛起，绝不是为了形成新的话语霸权，而是为实现人类共同理想产生的新的变因。

三、中国话语重塑世界话语格局

重塑之意在于破旧立新，破除世界话语体系中落后的、不符合时代

---

① 习近平:《决胜全面建成小康社会　夺取新时代中国特色社会主义伟大胜利——在中国共产党第十九次全国代表大会上的报告》，《人民日报》2017 年 10 月 28 日。
② 陈曙光:《中国时代与中国话语》，《马克思主义研究》2017 年第 10 期。

发展的因素，开启世界话语体系新的发展年轮。主题表现在话语议题设置、话语规则制定、话语真伪判断的变化与话语层次、话语内容、话语模式、话语平台的变革上。

新时代中国话语的崛起，使世界话语体系议题设置发生了变化。在过去，话语体系设置长期把控在西方国家手中，作为它们控制世界的工具。如在国际话语舞台上，"涉中"的议题有台湾问题、香港问题、南海问题、钓鱼岛问题、西藏问题、疆独问题、暴恐问题、人权问题、民主问题以及发展道路、政治模式、经济体制、市场经济地位、普世价值、"中国威胁论""中国崩溃论""中国责任论"等，都是为遏制中国发展、保护西方国际自身利益所设置的具有明显针对性与倾向性的话语议题。现在，这种局势发生了改变，随着中国综合国力的增强，中国创设的世界性议题越来越多。所创话语议题的范围不仅仅局限于关乎中国自身的话语议题，而是和世界各国相关、促进人类共同发展的开放议题，凝练出了一些叫得响的标识性概念，主动引领国际话语场的讨论。如实施共建"一带一路"倡议，发起创办亚洲基础设施投资银行，设立丝路基金，举办首届"一带一路"国际合作高峰论坛、亚太经合组织领导人非正式会议、二十国集团领导人杭州峰会、金砖国家领导人厦门会晤、亚信峰会等。中国提出的人类命运共同体理念，中国倡导的新型国际关系，中国开启的新型全球化愿景等，这些世界性议题吸引了来自全世界的目光。这种开放、包容的议题设置，拓宽了世界话语体系的议题范围。

新时代中国话语的崛起，使世界话语规则的制定发生了变化。议题设置是话语规则制定的一部分，议题设置的变化也会引起话语规则的变化。这种变化体现在世界话语规则制定主体的扩大化与世界话语规则制定主体的民主化。世界话语规则制定主体的扩大化体现在由于中国因素的涌入，世界话语体系格局发生了变化，西方话语势力受到了削弱，世界其他国家受到了勇于"发声"的激励，可以说一定程度上世界话语体系构建的准入限制降低了。世界话语规则制定的民主化体现在制定世界话语规则不再是少数几个西方国家说了算的事情，不再是在暗处偷偷摸摸干的事情，而是拿到阳光下，由世界各国共同讨论的事情。

新时代中国话语的崛起，使世界话语真伪判断标准发生了变化。过去，判断话语真伪的标准一直把握在西方国家手中，甚至一些时候"指鹿为马"，不根据所谓标准行事，只根据国家意志来判断话语真伪。现在，随着中国特色社会主义进入新时代，中国有能力质疑所谓的"西方标准"，更积极地号召世界各国一起来制定标准。使世界话语体系朝着更加自由、有序的方向发展。

新时代中国话语的崛起，拓宽了世界话语体系的层次。这主要表现在为资本主义西方大国主导的世界话语体系添加了有着充足活力的社会主义元素，在世界话语体系的建构层次上实现了真正意义上的突破。

新时代中国话语的崛起，丰富了世界话语体系的内容。这主要表现在一些中国特色的元素如中国特色社会主义理论体系、中华优秀传统文化等随着中国话语的增强，在世界话语体系中的位置愈发地凸显了。

新时代中国话语的崛起，改造了世界话语体系的模式。这主要表现在世界话语体系正在进行单一到多元的转变。

新时代中国话语的崛起，建构了世界话语体系的平台。这主要表现在一个开放、包容、和谐、共享的世界话语体系正随着中国的推动缓慢但稳定地形成。

第二节　中国话语为全球治理实践困境解决难题

"一个反映人类文明未来的良性运行的社会主义制度,是我们构建并掌握'话语权'的现实基础。"① "硬实力"是"软实力"的基础,同样"软实力"对"硬实力"也具有反作用。中国话语以中国成就为基石,中国成就依靠中国话语来表达。世界话语体系的格局恰恰反映了世界经济、政治体系的格局,世界话语体系的难题恰恰反映了全球治理的实践困境。中国话语作为世界话语体系的有机组成部分,为推动全球治理实践困境的解决提供出路。

党的十九大报告强调:"中国特色社会主义政治发展道路,是近代以来中国人民长期奋斗历史逻辑、理论逻辑、实践逻辑的必然结果,是坚持党的本质属性、践行党的根本宗旨的必然要求。世界上没有完全相同的政治制度模式,政治制度不能脱离特定社会政治条件和历史文化传统来抽象评判,不能定于一尊,不能生搬硬套外国政治制度模式。"② 中国特色社会主义是一条人类实现新发展的通途,而这条通途的具体内容正通过中国话语被世界正确地认知。中国的快速发展触动了世界各国的敏感神经,"中国模式""中国奇迹"成为世界各国学者研究、讨论的热点。

今天,全球治理体系已经滞后于时代的发展要求,中国无意推倒重来、另起炉灶,但也不意味着中国会放任不作为,改革完善国际治理体

---

① 竹立家:《中国话语要让世界听得懂》,《人民论坛》2013 年第 5 期。
② 习近平:《决胜全面建成小康社会　夺取新时代中国特色社会主义伟大胜利——在中国共产党第十九次全国代表大会上的报告》,《人民日报》2017 年 10 月 28 日。

系是中国的责任，也是国际社会的共识。①

　　美欧经济持续低迷、特朗普当选、英国脱欧、法国勒庞崛起、意大利宪法公投失败等都验证了西方世界逆全球化的趋势，全球化运动走到了又一个十字路口。在这个关键时刻，全球共同发展与世界秩序重建只能寄希望于"中国智慧"、中国道路。新的时代不仅对中国经济、政治发展提出了要求，更对与之相匹配的中国话语提出了要求。中国话语应当心系天下、关怀世界，直面人类面临的共同难题，敢于发声，为世界提供优于西方的中国方案，自信地向世界输出自己的原创话语。②

　　基于费尔克拉夫提出了话语建构策略的描写（describe）、阐释（interpret）和解释（explain）三维度模型，中国话语传播了中国特色的价值观念、塑造了国家形象、表达了对国际国内问题的解决态度和建议，从而为解决全球治理实践困境提供了指导与路径。"讲清楚每个国家和民族的历史传统、文化积淀、基本国情不同，其发展道路必然有着自己的特色；讲清楚中华文化积淀着中华民族最深沉的精神追求，是中华民族生生不息、发展壮大的丰厚滋养；讲清楚中华优秀传统文化是中华民族的突出优势，是我们最深厚的文化软实力；讲清楚中国特色社会主义植根于中华文化沃土、反映中国人民意愿、适应中国和时代发展进步的要求，有着深厚历史渊源和广泛现实基础。"③中国话语承担着把世界最为关注的中国问题说清楚的任务，要以国际社会能接受的方式，向世界讲清楚中国经验、中国道路、中国理论。

　　中国话语的开放、包容推动国际规范的包容性发展；中国话语的刺

---

① 陈曙光:《中国时代与中国话语》,《马克思主义研究》2017 年第 10 期。

② 陈曙光:《中国时代与中国话语》,《马克思主义研究》2017 年第 10 期。

③ 习近平:《习近平在全国宣传思想工作会议上强调　胸怀大局把握大势着眼大事　努力把宣传思想工作做得更好》,《人民日报》2013 年 8 月 21 日。

激、活力增加国际制度的积极互动；中国话语蕴含的中国思维促进全球治理的顶层制度设计与基层制度完善。

一、中国话语为世界社会主义运动走出低谷指明方向

苏东剧变导致世界社会主义运动遭受重大挫折，跌入低谷。从苏东剧变至今，世界社会主义运动大体可以分为两个阶段，第一阶段从苏东剧变到 1998 年国际金融危机爆发之前，第二阶段是 1998 年国际金融危机爆发至今。① 在第一阶段，世界社会主义运动有两个突出的特点：社会主义阵营动荡、分化和瓦解以及对世界社会主义运动进行反思与总结。在第二阶段，源自美国的国际金融危机全面暴露了当代资本主义的矛盾和问题，在这种大背景下，人们不禁对资本主义制度产生了反思，一部分学者转而批判当代资本主义制度，马克思主义的理论、社会主义的价值观念重新受到人们的青睐与重视。尽管 21 世纪初世界社会主义运动的发展出现了诸多的亮点，但是局部的高涨并没有上升为运动发展的主要方面，21 世纪初的世界社会主义运动仍处在低潮之中。"世界社会主义运动到底该向何处去？"依然没有一个令人信服的答案。

中国人民在世界社会主义运动处于危难时刻选择与坚持了中国特色社会主义道路。在东方，苏联解体，东欧一些社会主义国家易帜；在西方，共产主义政党受到了极大的冲击。毫无疑问，世界社会主义运动陷入了低谷。"社会主义失败论""历史终结论"等说法甚嚣尘上。面对世界社会主义运动的重大挫折，面对国际资本主义的疯狂喧嚣，不少人也对中国产生了种种疑虑。但中国共产党人面对国内政治风波和苏东剧变

---

① 李景治：《冷战后世界社会主义运动的发展及其面临的挑战》，《社会主义研究》2013 年第 6 期。

所带来的严峻挑战，冷静应对，带领人民创造了新的奇迹。在这样的环境下所成长起来的中国特色社会主义不能不说是世界社会主义运动发展的典型代表。邓小平曾强调："更重要的是向人类表明，社会主义是必由之路，社会主义优于资本主义。"① 中国特色社会主义立足中国国情，是中国特有的，但这并不妨碍中国特色社会主义为其他社会主义国家提供借鉴，中国成为了社会主义建设的样本。

党的十九大报告强调："中国特色社会主义进入新时代，意味着科学社会主义在二十一世纪的中国焕发出强大生机活力，在世界上高高举起了中国特色社会主义伟大旗帜。"② 这充分说明了世界社会主义运动想要走出低谷，借鉴中国经验是必不可少的。在新的历史时期，随着中国的综合国力不断增强，中国在社会主义国家中率先走出国家发展的低地，是实现社会主义新发展的时代先锋，这也正说明了中国话语也已经走出了"话语低地"，正大步迈向"话语高峰"，这极大地促进了世界社会主义运动向好发展的趋势。此外，中国话语使中国经验、中国智慧、中国道路更容易被其他社会主义国家所接受，因为"中国话"与"社会主义话语"是完全互通的。更重要的是，中国话语建立了一种本质上完全不同于西方的话语范式，不仅能为其他社会主义国家建构本国话语体系提供借鉴，更激励它们创造完全属于自己的"本国言说"。

二、中国话语为发展中国家跨过陷阱提供出路

随着经济全球化进程的加快，发达国家与发展中国家的矛盾逐渐凸

---

① 《邓小平文选》第三卷，人民出版社 1993 年版，第 225 页。

② 习近平：《决胜全面建成小康社会　夺取新时代中国特色社会主义伟大胜利——在中国共产党第十九次全国代表大会上的报告》，《人民日报》2017 年 10 月 28 日。

显，南北差距加大的问题引人深思。广大发展中国家面临着经济、政治、文化、社会、生态等多方面的问题，与此同时，"中等收入陷阱"等言论也广为传播。在这样的情况下，发展中国家如何跨过陷阱、实现有效发展是它们关心的重要问题。

党的十九大报告强调："中国特色社会主义进入新时代，意味着中国特色社会主义道路、理论、制度、文化不断发展，拓展了发展中国家走向现代化的途径，给世界上那些既希望加快发展又希望保持自身独立性的国家和民族提供了全新选择，为解决人类问题贡献了中国智慧和中国方案。"① 作为世界上最大的发展中国家，中国的发展在世界上常常被当做发展中国家的榜样，各发展中国家纷纷谋求与中国合作、学习中国经验。中国话语在这个过程中发挥了极大的作用。

中国话语归根到底是一种国家工具，这种工具帮助中国将中国特色社会主义道路、理论、制度、文化等向世界传播。正是通过中国话语的传播功能，各发展中国家得以从中直观地、主动地学习中国经验，从而内化为本国智慧，实现本国发展。这一方面得益于中国话语的开放性与包容性；另一方面，党的十九大报告也强调中国仍然是世界上最大的发展中国家，发展中国家之间具有相似的国情、相近的问题与相连的感情。

实际上，世界上众多所谓的"发展陷阱"，大多都是以美国为首的西方国家所定义的，哪些国家会经历这些"陷阱"也无不是以美国为首的西方国家所确定的。如针对中国的"中等收入陷阱""修昔底德陷阱"等。当然，这样的"陷阱"意识提醒了一些国家在发展过程中需要注意的情况，点出了一些国家在发展过程中存在的问题。但归根结

---

① 习近平：《决胜全面建成小康社会　夺取新时代中国特色社会主义伟大胜利——在中国共产党第十九次全国代表大会上的报告》，《人民日报》2017 年 10 月 28 日。

底是西方国家以其学术话语来定义其他国家发展的过程，这样做的目的无非就是更好地把发展中国家纳入到资本主义发展体系中来，在话语体系上形成压制，剥夺发展中国家实现自我发展、自我解决问题的能力。中国话语独特的话语范式为发展中国家解决话语问题给出了新方案，促使发展中国家跳出所谓"陷阱"来看问题，这是不同于西方话语的一种新思路。

三、中国话语为发达国家突破瓶颈供给策略

在当今世界，即便以美国为首的发达资本主义国家在世界经济、政治体系中占据主导地位，但这些国家内部依然存在着很多矛盾、冲突、问题。根据麦肯锡全球研究院日前发布的一项最新调查报告显示，2005—2014 年，25 个发达经济体中 65%—70% 的家庭（约 5.4 亿—5.8 亿人）实际收入出现停滞或下降。可支配收入出现停滞或下降的家庭比重在 2005—2014 年占到 20%—25%，而在 1993—2005 年，这一比重仅为 2%。在这 25 个发达经济体中，意大利、英国等国家家庭收入减少的情况比较明显。在美国，贫富悬殊已经成为老大难的问题；在英国，中等工薪阶层正逐渐变得贫困；在意大利，经济危机埋下收入缩水的祸根。① 特朗普当选美国总统、英国脱欧、法国勒庞崛起、西班牙加泰罗尼亚独立等事件都反映了西方发达国家政局的不稳与动荡。个人主义的兴起等反映了西方发达国家思想领域的变革。"如何实现新的发展？"是它们面临的时代难题。

党的十九大报告强调："中国人民的梦想同各国人民的梦想息息相

---

① 《家庭收入停滞，发达国家经济发展遇瓶颈》，《人民日报》2016 年 8 月 2 日。

通，实现中国梦离不开和平的国际环境和稳定的国际秩序。"[1] 这就要求中国话语主动地去分析西方发展过程中的实践困境。

从中国话语的建构来看，中国话语是建立在客观、冷静地看待西方社会发展成就的基础上的，不是通过刻意甚至臆造西方社会发展的问题，主观建构出一个"腐朽的西方"来实现的。这就使中国话语能够跳出西方话语的逻辑，从一个客观的角度对西方状况进行解构与阐述，以一个崭新的视角去分析西方社会的问题，从而给出不同于西方逻辑的解决方案。换言之，就是中国逻辑的解决方案。

中国逻辑的解决方案同样根植于中国发展的实践经验，中国逻辑最核心的内容是以人民为中心的立场，这对于西方国家来说有如惊雷。另外经济上的新发展理念、政治上的核心领导与文化上的继承与创新等都值得发达国家思考。

第三节　中国话语让"中国梦"与"世界梦"相融相通

马克思主义最高理想是实现共产主义。以习近平同志为核心的党中央坚定共产主义远大理想，提出中国特色社会主义现阶段的中国梦奋斗目标。中国梦与世界梦作为中国人民和世界人民的美好愿景，关乎中国与世界的未来和人类的前途命运。中国的发展离不开世界，世界的繁荣离不开中国。构建人类命运共同体，交融于实现中华民族伟大复兴的中国梦。我们追求的是中国人民的福祉，也是世界各国人民共同的福祉。中国的命运与世界的命运紧密相连，中国梦与人类命运共同体之梦相互

---

[1] 习近平:《决胜全面建成小康社会　夺取新时代中国特色社会主义伟大胜利——在中国共产党第十九次全国代表大会上的报告》,《人民日报》2017 年 10 月 28 日。

依存，相得益彰。

2012 年，习近平同志在参观《复兴之路》展览时首次提出中国梦的概念，中国梦的核心是国家富强、民族复兴、人民幸福。中国梦一经提出，便在世界各国引起热议，其中既有正确的理解，也有误读和妄议。① 习近平同志利用出访俄罗斯、非洲、拉美和美国等地的机会，结合世界各国和各地区人民的现实梦想，向国际社会诠释中国梦的内涵与目标，强调指出："中国梦的实现带给世界各国人民的将是机遇而非威胁，是和平而非战争，是共赢而非独赢。"② 基于帮助世界各国更好地理解"中国梦"的概念、打造人类命运共同体的利益诉求和营造更好国际环境的客观需要，习近平同志进一步提出世界梦的新概念。虽然世界梦的概念提出已近五年，但学界对于世界梦的定义还未形成一个统一的认识，主要有"中国主体说"与"世界主体说"，但不管是哪一种观点，都认识到了中国梦与世界梦的互通性，也认同了世界梦是中国梦在一定意义上的上升。党的十九大报告强调："中国人民的梦想同各国人民的梦想息息相通。"③ 中国梦上升为世界梦有其内在逻辑。其一，中国梦的实现必须要放在国际社会语境中去衡量。国家富强、民族复兴、人民幸福的衡量标准不仅需要历史和现实作为参照，也需要以当今国际环境作为参照。如果忽视以国际环境作为比较的语境，仅仅从历史和现实的比较出发，那么我们很容易犯盲目自大的错误，如认为现在的生产力水平远远高于中国古代封建时期的生产水平就是意味着国家富强、民族复兴、人民幸福了，这显然是片面的。"中国梦的实现标准显然要包含

---

① 刘爱武：《国外学术界对中国梦的研究：主要观点、偏见及启示》，《社会主义研究》2014 年第 4 期。

② 《习近平谈治国理政》，外文出版社 2014 年版，第 273 页。

③ 习近平：《决胜全面建成小康社会　夺取新时代中国特色社会主义伟大胜利——在中国共产党第十九次全国代表大会上的报告》，《人民日报》2017 年 10 月 28 日。

国际对比和国际认同的环节。"① 只有强烈的自我认同与国际社会的普通共识相结合,中国梦才算真正实现了。不考虑时代条件、国际局势单方面地宣布实现了"中国梦",这种复兴只能算是一种自我肯定,而未上升为国际认同的层面。这与西方的话语范式无关,而与衡量一个国家的客观标准有关。这同时也说明了考量中国话语的影响力也应该放在世界话语体系来进行。中国是第二次世界大战后为数不多的在实现国家富强、民族复兴、人民幸福道路上得到国际社会普遍赞誉的国家之一,而全面实现中国梦的机遇一直到今天才出现。其二,中国梦与各国之梦是相联系的。习近平强调:"中国梦要实现国家富强、民族复兴、人民幸福,是和平、发展、合作、共赢的梦,与包括美国梦在内的世界各国人民的美好梦想相通。"② 斯蒂芬·欧伦斯也认为,中国梦的内涵应该更加广泛,他指出:"当中国领导人在外面谈论中华民族的复兴时,就应该解释'中国梦'对其他国家和人民意味着什么。当他们访问非洲的时候,就应将'中国梦'与让非洲人民脱离贫困联系在一起。当他们访问欧洲的时候,'中国梦'的部分含义应该是中欧之间可以在文化和经济方面开展更多合作。当他们访问美国的时候,他们需要谈论一个复兴的中国可以为世界带来和平。"③ 这是因为人类文明的发展方向有其内在一致性,这是国际上各国达成共识的基础。

在此逻辑之上,中国话语为"中国梦"与"世界梦"相融相通提供了支点。主要体现在两个方面。

一方面,要用中国话语解释"中国梦"。在传播过程中,"中国梦"

---

① 郭树勇:《中国梦、世界梦与新国际主义——关于中国梦的几个理论问题的探讨》,《国际观察》2014 年第 3 期。

② 《"跨越太平洋的合作"》,《北京周报》2013 年 6 月 27 日。

③ 《美国专家眼中的中国梦:实现"中国梦"对美国也有好处》,《国际先驱导报》2013 年 11 月 8 日。

处于国内与国际两个场域中，虽然"中国梦"本身的内涵没有变化，但其话语符号蕴含着相应的不同意义，这种情况的根本原因在于对"中国梦"的生成、发展环境的熟悉程度。"中国梦"的生成、发展根植于建设中国特色社会主义的伟大事业。在国内场域中，中国人民处在"中国梦"的生成、发展环境中，处于中国特色社会主义伟大事业的建设过程中，本身就对"中国梦"的含义有着充分、准确的实践认知。简单说来，中国人民是中国梦的"第一手资料获得者"。此外，"中国梦"的生成逻辑本身就是围绕中国人民的实践经历展开的。还需要注意的是，中国人民本身处于中国话语的体系之中，是"中国话"的实践者和维护者。所以说，在国内场域，中国人民准确领会、理解"中国梦"的基本内涵是问题不大的。党的十九大报告所强调的"中国特色社会主义和中国梦深入人心"[①]，也正是对此的一个验证。在国际场域中，虽然"中国梦"得到了广泛认同与诸多称赞，认为"中国梦"是复兴之梦、和平之梦、世界之梦。如谢尔盖·卢贾宁指出："中国梦中包含三个关键元素：和平、发展和合作，不仅给中国人民带来希望（梦想），也给所有发达国家和发展中国家和人民带来希望（梦想）。"[②] 但是，国际社会对"中国梦"仍存在着相当一部分的误读、误解，如里奥·李维斯认为："在当前这样如此多元化的时代，根本不可能存在像习近平阐释的中国梦那样一个如此强调集体主义的梦想。所以，中国梦只是一个宣传口号，这个口号的目的，只是为了更好地定义中国个人与国家和经济的关系，以便更好地获得中国普通民众和新兴中产阶级的支持。"[③] 英国《经济学

---

① 习近平：《决胜全面建成小康社会　夺取新时代中国特色社会主义伟大胜利——在中国共产党第十九次全国代表大会上的报告》，《人民日报》2017 年 10 月 28 日。

② 胡晓光：《海外专家：经济进步打下"中国梦"根基》，《参考消息》2013 年 11 月 8 日。

③ Leo Lewis, *You are free to dream*, *Chinese told*（*in fact*, *the party insist on it*），The Times, 2013.8.17.

家》杂志也认为:"中国梦看上去既包括一些美国梦式的愿景,这是应该受到欢迎的,但它还包含着一些民族主义和重新包装过的威权主义的味道,而这是令人感到忧虑的。在一些人看来,中国梦虽然并不具备强烈的意识形态色彩,但却具有强烈的民族主义意味,这使得中国的崛起对世界来说变成一个威胁。没有人担心中国成长为一个自信从容的大国,但如果中国从一个殖民主义的受害国转变为一个摩拳擦掌并准备清算日本的强权国家,将会给区域,包括中国自身造成极大的伤害。"① 这种认为"中国梦只是标语""中国梦是中国的称霸之梦""中国梦是宪政梦"等言论流传甚广。部分西方国家利用其在世界格局中的有利地位和在世界话语体系中的强势位置,有意识、有目的地对中国进行敌对、攻击是造成这种状况的一部分原因,但是归根结底还是在于国际社会对"中国梦"的了解、认识程度不高。中国在这样的环境下很难做到"清者自清",这就要求我们"主动发声"。在新的历史时期,随着中国综合国力的增强、国际地位的提升,中国的声音越来越受到世界的重视,党的十九大开幕时有165个国家452个主要政党发来855份贺电、贺信。其中,有814份是国家元首、政府首脑、政党和重要组织机构领导人发来的。报名参加中国共产党全国代表大会的境外记者人数从十六大的859人,到十七大的1135人、十八大的1704人,再到十九大的1818人,屡屡刷新的数字,显示了国际社会对中国和中国共产党日益浓厚的兴趣。但是,"别人听不听得懂"和"能不能好好听"要依靠中国话语。首先,国际社会获取中国信息的来源不能够是西方国家,这是因为一旦中国信息经过"西式加工"就会偏离原来的意思,从而变为西方国家有目的的工具。这就要求中国话语抢占话语制高点,使"中国故事"

---

① *China's future-Xi Jinping and the Chinese dream*, The Economist, 2013.05 : 4-10.

由"中国话语"来讲。其次，只有"中国话"才能准确表达"中国梦"的内涵。中国话语和中国梦的形成环境一样，生成根基也相同，这就使它们本质上具有一致性。中国话语的内在逻辑本身与社会主义国家、广大发展中国家相契合，在全球化的过程当中，中国话语又为发达国家提供了新的范式，作为世界话语体系的有机组成部分，中国话语能够为世界所接受，世界愿意听"中国话"。总的来说，"中国梦"只能由中国话语来讲，也只有中国话语能够把"中国梦"给讲清楚、讲明白。中国特色社会主义进入新时代，"中国梦"通过"中国话"来讲的现象越来越多，在世界上形成了一个个中国时刻。需要注意的是，中国话语所起之作用为支点作用，也就是说，"中国梦"之所以能够与"世界梦"相融相通，其根源还是在于中国特色社会主义伟大实践，中国话语实质上充当了媒介。另外，要以中国话语作为媒介，将支撑"中国梦"的伟大实践、理念、自信、故事完整地展现给世界，使世界了解"中国梦"与"世界梦"相融相通的可行之处。

我们必须澄清，中国话语为"中国梦"与"世界梦"相融相通提供支点绝不是像一些学者所说的用中国话语美化"中国梦"、用"世界梦"美化所谓的"中国目的"，而是以世界能够听得懂又好学的方式，将"中国梦"与"世界梦"相融相通的内在可能展现给世界，将中国特色、中国风格、中国气派展现给世界，不断为人类作出更大贡献。

一、中国话语推动中国理念走向世界

中国理念是中国梦的价值支撑，也是中国梦的直观表达。"中国梦"与"世界梦"相融相通离不开中国对中国理念的坚持与创新，离不开世界对中国理念的认同与支持。

中国理念的涵盖范围很广，但是对于"中国梦"与"世界梦"相融相通而言，最核心的是两个理念，发展理念与外交理念。发展理念蕴含发展经验，发展理念指导发展方向，中国发展取得的巨大成就让世界瞩目，在新的历史机遇期，中国的发展理念成为世界各国学习的范式。外交理念是连接"中国梦"与"世界梦"相融相通的桥梁，中国话语也是表达外交理念的主要工具，一方面世界各国从中国的外交理念中看出中国的外交态度与大国胸襟；另一方面中国用外交理念影响世界，共同构建国际关系新秩序与人类命运共同体。

基于对基本国情、世界局势与时代走向的正确认识，党的十八大以来，习近平同志在提出了中华民族伟大复兴"中国梦"之后，对当前中国的发展也做出了重要论述，他认为中国经济发展已由高速发展转入到中高速发展的"新常态"，发展路径上要求从要素驱动转变为创新驱动。因此，为了适应经济发展"新常态"，构筑"中华民族伟大复兴中国梦"，以习近平同志为核心的党中央，在十八届五中全会上适时提出了"创新、协调、绿色、开放、共享"五大发展理念，其中"创新是引领发展的第一动力、协调是持续健康发展的内在要求、绿色是永续发展的必要条件和人民对美好生活追求的重要体现、开放是国家繁荣发展的必由之路、共享是中国特色社会主义的本质要求"。[①] "坚持新发展理念"是党的十九大报告所强调的十四条基本方略的重要内容，也是由我们党的重要指导思想"科学发展观"衍生、发展而来的重要思路。党的十九大报告强调："发展是解决我国一切问题的基础和关键，发展必须是科学发展，必须坚定不移地贯彻创新、协调、绿色、开放、共享的

---

① 参见《中共中央关于制定国民经济和社会发展第十三个五年规划的建议／中共中央关于制定国民经济和社会发展第十三个五年规划的建议（辅导读本）》，人民出版社 2015 年版。

发展理念。"①"五大发展理念"也是对"新时代坚持和发展什么样的中国特色社会主义、怎样坚持和发展中国特色社会主义时代课题"的回应。具体来看,"五大发展理念"明确指出:"创新是引领发展的第一动力。"改革开放以来,中国经济经历了一个高速发展时期,随着"新常态"的到来,经济高速发展过程中一些问题日益暴露出来,如过度消耗能源、破坏生态环境的粗放式发展的问题。如今,中国的经济增长已由要素驱动转向创新驱动。创新兴则国家兴,创新强则国家强,经济体制改革根本的依靠是创新。"五大发展理念"强调"协调是持续健康发展的内在要求",这体现了发展要注意协调性与整体性的问题。在新的历史时期,中国经济、政治、文化、社会、生态文明建设取得了很多成就,但也面临着发展不平衡的问题。强调"协调"就是在决胜全面建成小康社会阶段正确处理发展中重大关系的关键举措。坚持协调发展,可以有效地补齐短板、缩小差距,增强发展的平衡性、包容性、可持续性,使中国稳定跨越"中等收入陷阱",加快实现"两个一百年"奋斗目标。"五大发展理念"提出"绿色是永续发展的必要条件和人民对美好生活追求的重要体现"。这是在新时期将马克思主义生态文明理论与中国具体国情相结合的重要举措。人民对美好生活的追求包括人民对"碧水蓝天""山清水秀"的追求,"绿水青山就是金山银山"的观念深入人心。实现绿色发展不仅是中国人民的期盼,也是世界人民的共同愿景。在纽约联合国总部第70届联合国大会上,习近平同志以《携手构建合作共赢新伙伴　同心打造人类命运共同体》为题发表讲话,指出:"建设生态文明关乎人类未来。国际社会应该携手同行,共谋全球生态文明建设之路。""五大发展理念"强调"开放是国家繁荣发展的必由之路";党

---

① 习近平:《决胜全面建成小康社会　夺取新时代中国特色社会主义伟大胜利——在中国共产党第十九次全国代表大会上的报告》,《人民日报》2017年10月28日。

的十九大报告强调："开放带来进步，封闭必然落后。中国开放的大门不会关闭，只会越开越大。"中国的开放体现在经济的开放上，2013 年 4 月 8 日，习近平在出席博鳌论坛，和中外企业家座谈时指出："中国将在更大范围、更宽领域、更深层次上提高开放型经济水平。"① 中国的开放也体现在开放的胸怀上，鼓励世界秉持共商共建共享的原则，一同为人类的美好明天奋斗。"五大发展理念"提出"共享是中国特色社会主义的本质要求"。"发展成果由全体人民共享"是由社会主义国家性质所决定的，这体现了中国共产党对社会主义的本质认识。同时，"五大发展理念"与中国主要矛盾的变化相契合。党的十九大报告指出："中国特色社会主义进入新时代，我国社会主要矛盾已经转化为人民日益增长的美好生活需要和不平衡不充分的发展之间的矛盾。"② 而"五大发展理念"正好回应了主要矛盾变化提出的新难题。这样紧跟时代潮流和社会趋势的发展理念值得世界各国参考、借鉴。

中国特色的外交理念透露着中国对建设"和谐世界"的希望，蕴含着中国对"人类命运共同体"的期盼，凝结着中国人民对世界稳定、共同发展的美好向往。党的十九大报告强调："全面推进中国特色大国外交，形成全方位、多层次、立体化的外交布局，为我国发展营造了良好外部条件。实施共建'一带一路'倡议，发起创办亚洲基础设施投资银行，设立丝路基金，举办首届"一带一路"国际合作高峰论坛、亚太经合组织领导人非正式会议、二十国集团领导人杭州峰会、金砖国家领导人厦门会晤、亚信峰会。"③ 中国特色社会主义全方位外交布局深入展

---

① 习近平：《习近平谈治国理政》，外文出版社 2014 年版，第 114 页。

② 习近平：《决胜全面建成小康社会 夺取新时代中国特色社会主义伟大胜利——在中国共产党第十九次全国代表大会上的报告》，《人民日报》2017 年 10 月 28 日。

③ 习近平：《决胜全面建成小康社会 夺取新时代中国特色社会主义伟大胜利——在中国共产党第十九次全国代表大会上的报告》，《人民日报》2017 年 10 月 28 日。

开，联合国大会将中国提出的"共商、共建、共享"原则、"人类命运共同体""一带一路""大众创业、万众创新"等写入联合国决议，中国理念频频获得世界认可。中国理念写入联合国决议既是中国国际地位提升的体现，也证明了中国理念与联合国目标高度契合，反映了中国真正站在世界人民利益的立场上考虑问题。真心实意地推动和平发展、合作共赢的国际进程，这是中国理念的魅力所在，也是中国理念日益转化为国际共识的根本原因。① 以"一带一路"战略为例，"一带一路"的核心价值理念是开放、包容、共赢，这展现了中国"海纳百川"的古老智慧与"合作共赢"的时代价值。"一带一路"将建立"全球伙伴关系网"作为它"伙伴"外交理念的一部分，坚持互利共赢的原则，让周边国家共享中国发展经验，共享中国的发展资源。"一带一路"战略致力于构建多国共享的市场，这个市场是共同获利的市场，这个市场也是没有霸权的市场，这个市场也击碎了"'一带一路'绑架世界经济"之说，为"中国梦"变为"世界梦"搭建了平台。

中国理念对世界各国有着天然的吸引力，但推动中国理念走向世界的有力工具只能是中国话语。世界各国学习中国理念的办法无非有两个，其一是主动获取，也就是"主动学"；其二是中国话语传播，也就是"听我说"。不少国家都采取了"主动学"的办法，如在西班牙，2017 年 2 月，西班牙执政党人民党召开第十八次全国代表大会，决定仿效中国共产党纪律检查委员会确立的党内监督机制，设立人民监督办公室，加强党内治理，强化内部机制建设，接受社会各界的检举监督。这种"主动学"的例子随着"中国时刻"的绽放在世界上会越来越多。不过，虽然"主动学"是直接学习中国理念的一种方式，但是它的缺点

---

① 钟声：《中国理念正在成为国际共识》，《世界社会主义研究》2017 年第 7 期。

也很明显。"主动学"往往是学习中国理念的某一个板块，没有进行系统的学习。这是因为在"主动学"的过程中缺少了中外的互动，这就会造成对中国理念理解上的偏差，既不利于其他国家将中国理念发挥出应有的作用，也不利于中国理念树立起"国际口碑"。"听我说"的意思不是其他国家在学习中国理念之时"不说话"，而是先等中国话语将中国理念清晰、完整地表达出来后，再进行互动、交流。在中国特色社会主义进入新时代的今天，中国话语有能力讲好中国理念并且通过世界话语体系扩大中国理念的传播范围。除此之外，中国话语能够对中国理念进行整合，"原汁原味"地表达中国理念，世界各国更能对中国理念有一个系统、全面的认识。同时，中国话语鼓励世界各国用自己的话语体系对中国理念进行解构、分析，结合本国特殊国情，走一条独立、发展之路。

二、中国话语促使中国自信感染世界

"自信"不是"自负""自傲"，"自信"是一种积极的心理状态，一个国家的自信源于这个国家的实践。一个自信的国家是充满着发展活力的，这种活力不仅能促进这个国家的发展，更在一定程度上促进世界的进步。中国经济连续三十多年都保持了中高速增长，作为世界第二大经济体没有经历过大的经济危机、政治危机、社会危机，当今的中国对世界经济增长贡献率超过30%，这充分说明了我们的道路是正确的，我们的理论是科学的，我们的制度是成功的。中国完全有理由自信，而且中国自信对世界的影响也越来越大。在中国自信的感染下，世界各国坚定信心，勇于面对各种风险与挑战，共谋发展道路、共创美好明天。

党的十九大报告强调："中国特色社会主义道路是实现社会主义现

代化、创造人民美好生活的必由之路，中国特色社会主义理论体系是指导党和人民实现中华民族伟大复兴的正确理论，中国特色社会主义制度是当代中国发展进步的根本制度保障，中国特色社会主义文化是激励全党全国各族人民奋勇前进的强大精神力量。全党要更加自觉地增强道路自信、理论自信、制度自信、文化自信。"① 中国自信在当代中国突出表现为四个方面：道路自信、理论自信、制度自信和文化自信。所谓道路自信，简单说来就是对中国特色社会主义道路的自信。习近平曾经强调："道路决定命运，找到一条正确道路是多么不容易。中国特色社会主义不是从天上掉下来的，是党和人民历尽千辛万苦、付出各种代价取得的根本成就。"② 我们的道路自信源于在历史对比中确证的强大生命力与在国别比较中凸显的独特优越性。历史告诉我们，自从选择了中国特色社会主义道路，中国就已经成长为一个经济、政治、文化大国，身处这样的国家，任何一个人都会自觉或不自觉地坚持他们所选择的道路。所谓理论自信，简单说来就是对中国特色社会主义理论体系的自信。中国特色社会主义理论体系包括邓小平理论、"三个代表"重要思想、科学发展观以及习近平新时代中国特色社会主义思想在内的科学理论体系，是对马克思列宁主义、毛泽东思想的坚持和发展。中国特色社会主义理论体系是在中国特色社会主义伟大实践中发展起来的，这就决定了中国特色社会主义理论体系是建设中国特色社会主义伟大事业的行动指南。理论自信源于中国特色社会主义理论体系的人民性、科学性和发展性。人民群众是历史的创造者，中国特色社会主义理论体系既源于

---

① 习近平:《决胜全面建成小康社会 夺取新时代中国特色社会主义伟大胜利——在中国共产党第十九次全国代表大会上的报告》,《人民日报》2017年10月28日。

② 习近平:《在纪念毛泽东同志诞辰120周年座谈会上的讲话》,《人民日报》2013年12月27日。

人民群众的伟大实践又被人民群众运用到实践当中，不断地进行检验与发展。中国特色社会主义理论体系的科学性是由两个方面决定的，一方面，马克思主义的科学性决定了中国特色社会主义理论体系的科学性；另一方面，实践证明了中国特色社会主义理论体系是科学的、正确的。所谓制度自信，简单说来就是对中国特色社会主义制度的自信。中国特色社会主义制度的发展贯穿中国革命、建设和改革的全过程，对中国特色社会主义制度的自信也贯穿中国革命、建设和改革的全过程，它一直保持着生机与活力，不断地壮大自身、不断地改进自身。这些制度包括但不限于人民代表大会制度、中国共产党领导的多党合作和政治协商制度、民族区域自治制度以及基层群众自治制度等基本政治制度，以及建立在这些制度基础上的经济、政治、文化、社会体制等各项具体制度。所谓文化自信，简单说来就是对中国特色社会主义文化的自信。"文化自信，是一个国家、一个民族、一个政党对自身文化价值的充分肯定，对自身文化生命力的坚定信念。"[1]中国特色社会主义文化有着历史与时代的双重支撑，深深融入中华民族的血脉之中，是中华民族最深远持久的精神力量。道路自信、理论自信、制度自信、文化自信是辩证统一的，共同构成中国自信。

"中国梦"与"中国自信"有着十分紧密的联系。一方面，不走正确的道路，梦想只能是空想，想法也无法落到实处。苏联的解体有多方面的原因，但是归根到底是没有坚持社会主义道路，偏离了原本的走向。科学的理论为梦想的实现提供保障，没有正确的理论做指导，梦想无法走得正确、走得稳当。没有制度的保证，梦想永远不会"接地气"，没有规划、无法落实的梦想只会沦于空谈。没有文化自信作为支撑，梦

---

① 云杉:《文化自觉文化自信文化自强——对繁荣发展中国特色社会主义文化的思考（中）》,《红旗文稿》2010 年第 16 期。

想可能会沦为"抬不起头""不敢说"的梦。梦想就要昂扬挺胸，梦想就要勇于发声，这些离不开文化自信。从另一方面来讲，"中国梦"也为"四个自信"的融合提供了平台与机遇，借助"中国梦"，"四个自信"的发展只会越来越深入。

话语自信与"是否真信"的问题有关，作为中国实践的表达工具，中国话语也必须体现、维护并巩固中国自信。同时，中国自信也提升了中国话语的自信。中国发展铁的事实告诉我们，中国话语有理由自信。中国话语的自信源于中国特色社会主义道路、理论、制度、文化自信，这些自信是促使中国话语自信的价值底色。中国话语的自信不仅表现在对国家发展、中国经济政治力量提升的自信，也表现在中国自信代表着人民意志、时代趋势的自豪。只要我们不怀偏见，稍微有一点认知常识或经验，都应该坚定我们的话语自信。也就是说，我们的自信是建立在对客观事实的认知、对未来充满期待、对国家和民族的热爱基础上。[①]

中国话语促使中国自信在国内取得实质性成效。中国人民对中国自信具有天然的认同，因为中国自信本就是在中国人民的实践中产生的。但是，西方一些国家利用其在世界话语体系的优势地位以及西方话语范式的普及状况，通过各种社会思潮的涌入，如享乐主义、个人主义、"中国崩溃论"等，一定程度上削弱了中国自信。中国话语以"中国话"的方式强调中国自信，粉碎了一些西方国家想要进行"颜色革命"的阴谋。

中国话语推动中国自信在世界取得突破性进展。中国自信不仅仅是"中国人的自信"，更应该成为"世界的自信"。这是因为中国实践本就是与人类发展方向契合、互通的。中国实践的目的，不仅仅是使中国变

---

① 邱耕田：《中国话语自信》，《社会科学战线》2015 年第 3 期。

强，也是为了使世界变得更好，使全人类过得更好。当今世界对中国自信存在着很多的误解，一些西方国家也利用话语优势对中国自信进行抹黑。在新的历史时期，中国话语一方面向世界准确地传达出中国自信的含义，向世界说明中国自信是积极的自信，是和平的自信，也是全人类共同的自信；另一方面，随着中国话语的崛起，中国话语能够扩大中国自信的传播范围，使中国自信感染更多的国家。同时，中国话语能够针对不同的国家对中国自信进行不同的解读，如针对一些对中国抱有敌意的国家，中国自信可以解读为"不惹事也不怕事"，针对一些对中国释放善意的国家可以解读为"中国自信是发展中国家实现独立、自主发展的自信，其他国家可以借助中国自信培养本国自信"。

三、中国话语汇集中国故事激励世界

2013 年 8 月 19 日，习近平同志在全国宣传思想工作会议上强调："要精心做好对外宣传工作，创新对外宣传方式，着力打造融通中外的新概念新范畴新表述，讲好中国故事，传播好中国声音。"[①] 中国话语服务于中国的对外宣传，中国故事是中国话语的重要内容，在传播中国故事的过程中中国话语本身也得到了强化。

要想讲好中国故事，需要注意两个关键点。其一，讲"真故事"不讲"假故事"。中国故事要"展现真实、立体、全面的中国。"[②] 中国有着复杂的国情，在此影响下也有着众多的故事。这些故事有些是"好故

---

① 习近平:《胸怀大局把握大势着眼大事　努力把宣传思想工作做得更好》,《光明日报》2013 年 8 月 21 日。

② 习近平:《决胜全面建成小康社会　夺取新时代中国特色社会主义伟大胜利——在中国共产党第十九次全国代表大会上的报告》,《人民日报》2017 年 10 月 28 日。

事"，有些按照国内外标准来看却不是好故事。在讲述中国故事之时，我们必须要客观、真实、全面、完整地讲述"中国故事"，不能够有弄虚作假的心态。如果我们胡编乱造、违背事实、乱编故事，那么中国故事就会引起"听众"的疑虑，也会给一些敌对势力以攻击的借口，得不偿失。这样做的目的当然不是"自找难受"，而是因为任何国家都有好的故事和不好的故事，只有一个真实、立体、全面的中国，才是一个"可以信赖的中国"。其二，讲令人信服的事实。我们在讲中国故事的时候一定要摆出"中国事实"。比如，讲中国的经济发展成就不能光讲数据的对比，也要截取一些人物的奋斗故事，使中国故事的支撑更加坚固。

想要讲好中国故事也面临着一些困难。其一，世界话语体系的失衡。长期以来，以美国为首的西方发达国家主导着世界话语体系，我们在讲中国故事时势必也会受到它们的阻挠。其二，中国思维与外国思维的差异。中国思维与外国思维存在差异，而中国思维是中国故事生成逻辑中的一部分，这就造成了以外国思维去理解中国故事可能会存在偏差。

中国话语是中国故事对外传播的主要范式、途径和工具。在新的历史时期，中国话语肩负"讲好中国故事"的任务，也具备"促使中国故事激励世界"的能力，主要体现在三个方面。其一，中国话语整合中国故事资源。中国故事是由发生在中华大地上与中国人民中的一个个故事构成的，这就不可避免地造成了故事的分散。用中国话语传播中国故事不是一个一个小故事的传播，而是系统、全面地进行话语表达。想要完成这样的任务，首先就要对中国故事进行收集、梳理、归纳和总结，形成"中国故事库"。其次，中国话语对中国故事进行选择。考虑到文化的差异等原因，中国话语在讲中国故事时要对所讲内容进行筛选，有特色地讲、有针对性地讲，这样才能发挥中国故事应有的作用。除此之外，中国故事归根到底是人民的故事，凝结着中国人民的智慧结晶。作为社会主义大国的中国，在讲中国故事之时要突出人民性，以人民性为切口促使世界各国对中国故事有更深层次的认识，也以人民性为契机实现与世界各国的情感认同。需要注意的是，这种选择并不意味着只讲"真故事"而忽略"假故事"，而是为了帮助其他国家更好地理解中国故事的一种选择。最后，中国话语采取合适的表达方式。故事成效体现在"听众觉得好不好"。中国故事如果想要做到"人人都说好"，一定要注意表达方式。当今的中国话语是多层次的、内涵丰富的、方法多样的。这就使中国故事能够以一种"听众认真听"的方式被表达。在这个过程中，中国话语秉持个性化、艺术化、本土化的方式，以吸引力打动人、以感染力打动人、以亲和力打动人。

第七章

中国道路引领世界

"物有甘苦，尝之者识；道有夷险，履之者知"。中国道路是中国人民自己走出来的，其中甘苦、其间夷险，都是源于中国的国情、植根于中国的大地。

实践是检验真理的唯一标准。中国特色社会主义这条中国道路是人民创造历史的实践道路，它为中国的发展提供了解决方案，更为解决当前和今后的难题带来了蓬勃生机和强大动力。在现代世界全球化的格局下，中国坚持从国情出发、以解决现实问题为导向，同时以世界眼光和开放心态积极吸收借鉴一切有益经验，这种既不是"输出"也不是"输入"的中国道路为世界各国提供了中国理念、中国方案和中国智慧，也给世界发展提供了"中国意义"。

党的十九大报告指出，中国特色社会主义进入新时代，在中华人民共和国发展史上、中华民族发展史上具有重大意义，在世界社会主义发展史上、人类社会发展史上也具有重大意义。中国特色社会主义道路的优越性，将为在经济、政治发展上日渐陷入迷茫的世界指引前行的方向。

第一节　中国经济发展道路为世界提供方向引领

习近平总书记在党的十九大报告中强调：实现"两个一百年"奋斗

目标、实现中华民族伟大复兴的中国梦，不断提高人民生活水平，必须坚定不移把发展作为党执政兴国的第一要务，坚持解放和发展社会生产力，坚持社会主义市场经济改革方向，推动经济持续健康发展。[①]

2017 年 1 月，习近平在达沃斯论坛上指出，中国的发展，关键在于中国人民在中国共产党领导下，走出了一条适合中国国情的发展道路。这是一条从本国国情出发确立的道路，是一条把人民利益放在首位的道路，是一条改革创新的道路，是一条在开放中谋求共同发展的道路。而自改革开放到党的十九大召开，中国在这条道路上稳步前进，取得巨大经济成就，在世界主要国家中名列前茅，国内生产总值从 54 万亿元增长到 80 万亿元，稳居世界第二，对世界经济增长贡献率超过 30%，综合国力空前提升。

习近平曾指出，中国的发展是世界的机遇，中国是经济全球化的受益者，更是贡献者；中国经济快速增长，为全球经济稳定和增长提供了持续强大的推动力。2016 年，中国经济增长 6.7%，对世界经济增长的贡献率超过 30%，是推动世界经济增长的重要引擎。2018 年 1 月 10 日，李克强总理在澜沧江—湄公河合作第二次会议上指出，2017 年中国国内经济生产总值预计增长 6.9% 左右。中国经济能给世界经济吃下"定心丸"；中国经济发展道路能为世界提供方向引领。

一、中国经济发展目标贡献新型理念

在中国实现经济腾飞的同时，党和国家领导人清醒地看到，我们的工作还存在许多不足，也面临不少困难和挑战。主要是：发展不平衡

---

① 习近平：《全面建成小康社会　夺取新时代中国特色社会主义伟大胜利——在中国共产党第十九次全国代表大会上的报告》，《人民日报》2017 年 10 月 28 日。

不充分的一些突出问题尚未解决；发展质量和效益还不高，创新能力不够强；实体经济水平有待提高，就业失业问题突出；房地产进入调整期，对经济的负面影响显现，房地产泡沫令人担忧；生态环境保护任重道远。而截止到 2018 年，全球十大环境问题依然是：气候变暖、臭氧层破坏、生物多样性减少、酸雨蔓延、森林锐减、土地荒漠化、大气污染、水体污染、海洋污染、固体废弃物污染。在世界各地，巴西的热带雨林还在进行采矿、修路、城镇建设；孟加拉湾垃圾污染，红树林正在被破坏；大堡礁过度开发，珊瑚危机"史无前例"。发达国家在外包制造业的同时，也将污染带到了发展中国家。

基于此，中国共产党第十九次全国代表大会将"坚持新发展理念""坚持人与自然和谐共生"作为坚持和发展中国特色社会主义的基本方略。

目标具有巨大的导向性作用，在《西游记》中，最厉害的其实是看起来最没有本事的唐僧。在孙悟空一赌气回了花果山、猪八戒开小差跑回高老庄、沙僧也犹豫的状况下，他毅然一个人奋勇向前，不达目的誓不罢休。正因为唐僧心里有一个明确又正确的目标：取回真经普度众生。因此，无论路程多么艰险、无论多少妖魔挡道、无论多少鬼怪想吃其肉，他都毫无畏惧，奋勇向前。最后，唐僧不仅仅取回了真经，而且还使以前被称为妖精的徒弟们最终功德圆满成佛。

有了经济发展的目标，就有了发展方向。正确的经济发展目标将引领一个国家正确发展；偏颇的发展目标将在发展中带给国家各种各样的问题。党的十九大指出：发展是解决我国一切问题的基础和关键，发展必须是科学发展，必须坚定不移贯彻创新、协调、绿色、开放、共享的发展理念，为世界经济发展目标提供新理念。

西方发展道路之所以造成"和平赤字、发展赤字、治理赤字"，实际上是因为发展背离了价值理性。"和平赤字、发展赤字、治理赤字"所表达的意思不是一个工具性问题，而是价值问题。衡量整个世界进步的根本标准不是技术理性和工具理性，而是"为什么发展"的价值理性。脱离了价值理性引领和规约的发展，是导致发展陷阱的根本原因所在。习近平在"7·26"讲话中首先强调"要牢牢把握人民群众对美好生活的向往"，就是指出我们的发展是一种追求共享这一价值理性的发展，这是克服西方发展道路弊端的根本路径。[①]

党的十九大指出：我们要建设的现代化是人与自然和谐共生的现代化。用"创新、协调、绿色、开放、共享"的新理念作为我国经济发展的目标，引领世界经济朝着更合理、更有意义的方向发展。让一些以环境为代价、以人民利益为代价、片面化发展的国家，不至于在错误的道路上越走越远。

二、中国经济结构性改革提供新动力

目标使国家看清使命、产生动力、把握重点。而随着社会经济的发展，当前中国经济正在经历一个变化的节点，长期的发展积累了庞大的经济总量，基数抬高，连续多年的两位数增长已经不可重复了。中国经济正进入呈 L 型走势的中高速增长时期。随着我国由中等收入国家向高收入国家迈进，各种矛盾集中爆发。而各种矛盾的产生往往是因为发展存在诸多短板，出现结构性问题，主要是传统门类生产过剩。传统门类出现生产过剩不是因需求不足，或没有需求，而是需求变了。但供给的产品却没有变，质量、服务跟不上，已不能满足需求的变化。比如，

---

① 王从兰：《中国道路成功的原因及其世界意义》，《中国特色社会主义研究》2017 年第 9 期。

我国一些行业和产业产能严重过剩，同时大量关键装备、核心技术、高端产品还依赖进口；有的农产品生产缺口很大，而有的农产品增产则超过了需求增长；一些有大量购买力支撑的消费需求在国内得不到有效供给，消费者将大把钞票花费在出境购物、"海淘"上。同时，随着世界形势不断变化，全世界面临国际贸易低迷、国际直接投资活动减缓、大宗商品市场中低价运行问题；发达国家面临经济发展放缓、劳动力改善放缓、物价水平有所回升、债务水平继续升高、金融市场持续动荡问题；一些发展中国家因为曾被西方殖民、不利的地理环境、僵化的政治经济体制、在国际专业化中的分工地位等原因，面临着经济稳定性弱、在国际贸易中处于不利地位等问题，这些都是难以避免的。

发展中的问题，需要改革来解决。我国这一阶段的改革坚持把发力点转到调整经济结构上，在保持总量增长的同时，实现结构优化。党的十九大再次强调了深化供给侧结构性改革问题，为世界各国经济应对各自问题提供对策。中国深化供给侧结构性改革，加快建设制造强国，加快发展先进制造业，推动互联网、大数据、人工智能和实体经济深度融合，在中高端消费、创新引领、绿色低碳、共享经济、现代供应链、人力资本服务等领域培育新增长点、形成新动能。支持传统产业优化升级，加快发展现代服务业，瞄准国际标准提高水平。促进我国产业迈向全球价值链中的高端，培育若干世界级先进制造业集群。加强水利、铁路、公路、水运、航空、管道、电网、信息、物流等基础设施网络建设。坚持去产能、去库存、去杠杆、降成本、补短板，优化存量资源配置，扩大优质增量供给，实现供需动态平衡。激发和保护企业家精神，鼓励更多社会主体投身创新创业。[①] 建设知识型、技能型、创新型劳动

① 习近平：《全面建成小康社会　夺取新时代中国特色社会主义伟大胜利——在中国共产党第十九次全国代表大会上的报告》，《人民日报》2017 年 10 月 28 日。

者大军，弘扬劳模精神和工匠精神，营造劳动光荣的社会风尚和精益求精的敬业风气。习近平指出，国内经济现在面临"四降一升"。结构性改革必须进行，而重点就在供给侧。

供给侧改革改什么？习近平说，我们讲的供给侧结构性改革，同西方经济学的供给学派不是一回事，不能把供给侧结构性改革看成是西方供给学派的翻版，更要防止有些人用他们的解释来宣扬"新自由主义"，借机制造负面舆论。

西方供给学派过分突出税率的作用，思想方法比较绝对，只注重供给而忽视需求、只注重市场功能而忽视政府作用。而中国特色社会主义道路中的供给侧改革，不会放弃需求侧谈供给侧或放弃供给侧谈需求侧，因为这都是片面的。供给侧与需求侧不是非此即彼、一去一存的替代关系，而是要相互配合、协调推进。

我们说的供给侧结构性改革，既强调供给又关注需求，既突出发展社会生产力又注重完善生产关系，既发挥市场在资源配置中的决定性作用又更好地发挥政府作用，既着眼当前又立足长远。改革的内涵是增强供给结构对需求变化的适应性和灵活性，不断让新的需求催生新的供给，让新的供给创造新的需求，在互相推动中实现经济发展。

习近平强调，推进供给侧结构性改革，要从生产端入手，重点是促进产能过剩的有效化解，促进产业优化重组，降低企业成本，发展战略性新兴产业和现代服务业，增加公共产品和服务供给，提高供给结构对需求变化的适应性和灵活性。简言之，就是去产能、去库存、去杠杆、降成本、补短板。

改革的要点也就是在具体工作中落实好"三去一降一补"五大任务。权威人士指出，去产能，要加大各种门槛准入、制度建设和执法力度；处置"僵尸企业"，该"断奶"的就"断奶"，该断贷的就断贷，坚决拔掉"输液管"和"呼吸机"。去杠杆，要在宏观上不放水漫灌，在微观上有序打破刚性兑付。去库存，要加大户籍制度改革力度，建立健全农民工进城的财税、土地等配套制度。降成本，就要把整体税负降下来，把不合理的收费取消掉，把行政审批减下来。补短板，就要注重脱贫攻坚的精准度，扎实推进科技创新和生态文明建设，完善基础设施建设中"钱从哪里来、投到哪里去"的体制机制。

推进供给侧结构性改革，不仅不能削弱政府宏观调控职能，而且要把供给管理和需求管理更好地结合起来，这样才能完成供给侧结构性改革任务，以最小的代价实现结构调整优化。国有企业作为国民经济发展的中坚力量，在供给侧结构性改革中要发挥带头作用，模范执行各项改革决策，成为改革的主力军和先行者。

供给侧结构性改革须用"创新、协调、绿色、开放、共享"五大发展理念来引领。把新的发展理念体现到政策制定、工作安排和任务落实的各个方面。五大发展理念中，"创新"居于首位，习近平强调，推进供给侧改革，必须牢固树立创新发展理念，推动新技术、新产业、新业态蓬勃发展，为经济持续健康发展提供源源不断的内生动力。

一个国家的经济发展，从根本上要靠供给侧推动。一次次科技和产业革命，带来一次次生产力的提升，不断创造供给能力。社会化大生产的突出特点，就是供给侧一旦实现了成功的颠覆性创新，市场就会以波澜壮阔的交易生成进行回应。

创新能力不强，被习近平喻为我国这个经济大块头的"阿喀琉斯之踵"。他指出，通过创新引领和驱动发展已经成为我国发展的迫切要求，要以重大科技创新为引领，加快科技创新成果向现实生产力转化，加快构建产业新体系，做到"人有我有、人有我强、人强我优"。这十二个字可谓创新之"魂"。

中国推进供给侧改革是形势所迫，是问题倒逼的必然选择。改革攻坚，这个坎必须跨过去。推进结构性改革就是协调发展过程中的重大关系，在破解难题、补齐短板的同时又巩固和厚植原有优势，是让中国经济健康发展、行稳致远的一项重大举措。

但是，由于不同国家国情不同，中国供给侧结构性改革的经验不一定适用于所有国家，不过各国在推进结构性改革上已达成共识。

尽管每个国家在需求和供给层面的侧重点不太一样，但对于积极推进结构性改革，尤其是提升结构性改革指标体系中的劳动生产率是有共识的。中国的供给侧结构性改革能够引领全球的结构性改革，例如"一带一路"建设，包括在共商共建共享原则基础上提升工业化水平，完善产业结构，这些都是结构性改革的重要举措。我们可以看到，G20鼓励高质量投资和创新，峰会或将钢铁等行业产能过剩视为全球性问题，呼吁共同应对。中国牵头的多边开发，包括"一带一路"、亚洲基础设施投资银行、金砖新开发银行和丝路基金等，有望在全球基础设施投资方面发挥更重要的作用。

就与非洲的产能合作而言，中非合作结构出现新变化。比如，中非合作正从以政府援助为主向企业投资和融资合作为主转型。这种结构性变化为中非产业对接与产能合作创造出更广阔的发展空间，非洲有望成为承接我国优势产业和富余产能的优先方向，既助推非洲工业化和经济多元化，又服务国内经济调结构、去产能。

由此可见，世界各国面对经济问题时，可以借鉴中国经济结构性改革道路，针对经济的主要矛盾采取最适合自己的结构性改革。同时，受限于经济问题的政治解决，全球经济结构性改革步伐缓慢，在这一点上中国是先行者。一个摆脱了旧增长模式、创新发展的中国，将为世界经济增长提供稳定动力。

三、中国现代化经济体系生成新战略

经济发展目标、改革，都是我国现代化经济体系中的组成部分。因为这两部分的重要性，我们已在前面挑出来单独讨论了。因为我国经济已由高速增长阶段转向高质量发展阶段，正处在转变发展方式、优化经济结构、转换增长动力的攻关期，建设现代化经济体系是跨越关口的迫切要求和我国发展的总战略目标。必须坚持质量第一、效益优先，以供给侧结构性改革为主线，推动经济发展质量变革、效率变革、动力变革，提高全要素生产率，着力加快建设实体经济、科技创新、现代金融、人力资源协同发展的产业体系，着力构建市场机制有效、微观主体有活力、宏观调控有度的经济体制，不断增强我国经济创新力和竞争力。

除了坚持五大发展理念、坚持供给侧结构性改革、加快建设创新型国家，建设中国现代化经济体系主要还有以下几个方面需要努力。

实施乡村振兴战略。农业、农村、农民问题是关系国计民生的根本性问题，必须始终把解决好"三农"问题作为全党工作的重中之重。要坚持农业农村优先发展，按照产业兴旺、生态宜居、乡风文明、治理有效、生活富裕的总要求，建立健全城乡融合发展体制机制和政策体系，加快推进农业农村现代化。巩固和完善农村基本经营制度，深化农村土地制度改革，完善承包地"三权"分置制度。保持土地承包关系稳定并长久不变，第二轮土地承包到期后再延长 30 年。深化农村集体产权制度改革，保障农民财产权益，壮大集体经济。确保国家粮食安全，把中国人的饭碗牢牢端在自己手中。构建现代农业产业体系、生产体系、经营体系，完善农业支持保护制度，发展多种形式的适度规模经营，培育新型农业经营主体，健全农业社会化服务体系，实现小农户和现代农业

发展有机衔接。促进农村一、二、三产业融合发展，支持和鼓励农民就业创业，拓宽增收渠道。① 乡村振兴战略告诉全世界，中国的经济发展道路，绝不是一味促进城镇化、丢掉农村，农村现代化，在我们的现代化经济体系中，分量很重。

实施区域协调发展战略。加大力度支持革命老区、民族地区、边疆地区、贫困地区加快发展，强化举措推进西部大开发形成新格局，深化改革加快东北等老工业基地振兴，发挥优势推动中部地区崛起，创新引领率先实现东部地区优化发展，建立更加有效的区域协调发展新机制。以城市群为主体构建大中小城市和小城镇协调发展的城镇格局，加快农业转移人口市民化。以疏解北京非首都功能为"牛鼻子"推动京津冀协同发展，高起点规划、高标准建设雄安新区。以共抓大保护、不搞大开发为导向推动长江经济带发展。支持资源型地区经济转型发展。加快边疆发展，确保边疆巩固、边境安全。坚持陆海统筹，加快建设海洋强国。

加快完善社会主义市场经济体制。经济体制改革必须以完善产权制度和要素市场化配置为重点，实现产权有效激励、要素自由流动、价格反应灵活、竞争公平有序、企业优胜劣汰。要完善各类国有资产管理体制，改革国有资本授权经营体制，加快国有经济布局优化、结构调整、战略性重组，促进国有资产保值增值，推动国有资本做强做优做大，有效防止国有资产流失。深化国有企业改革，发展混合所有制经济，培育具有全球竞争力的世界一流企业。全面实施市场准入负面清单制度，清理废除妨碍统一市场和公平竞争的各种规定和做法，支持民营企业发展，激发各类市场主体活力。深化商事制度改革，打破行政性垄断，防

① 习近平：《全面建成小康社会　夺取新时代中国特色社会主义伟大胜利——在中国共产党第十九次全国代表大会上的报告》，《人民日报》2017年10月28日。

止市场垄断，加快要素价格市场化改革，放宽服务业准入限制，完善市场监管体制。创新和完善宏观调控，发挥国家发展规划的战略导向作用，健全财政、货币、产业、区域等经济政策协调机制。深化投融资体制改革，发挥投资对优化供给结构的关键性作用。加快建立现代财政制度，建立权责清晰、财力协调、区域均衡的中央和地方财政关系。建立全面规范透明、标准科学、约束有力的预算制度，全面实施绩效管理。深化税收制度改革，健全地方税体系。深化金融体制改革，增强金融服务实体经济能力，提高直接融资比重，促进多层次资本市场健康发展。健全货币政策和宏观审慎政策双支柱调控框架，深化利率和汇率市场化改革。健全金融监管体系，守住不发生系统性金融风险的底线。①

　　社会主义市场经济体制，是中国经济道路的一大特征和理论创新。这样突破性地经济体制探索，给世界各国在打破固有观念、创新体制上做出表率。

　　推动形成全面开放新格局。开放带来进步，封闭必然落后。中国领跑世界达千年之久，但现代化进程滞后，对外部世界的认识、与世界的关系长期以来处于"坐标"低位。1776年，英国的亚当·斯密就认识到了这种情况，他在《国富论》中这样写道："中国似乎长期处于静止状态。"此后百余年间，世界大体上就是这么看中国的。

　　正因如此，中国逐步融入现代世界经济体系是具有全球意义的重大事件。由隔绝到互益，中国近40年的改革开放使世界经济具有了真正的、完整的意义，而与世界经济日益密切的联系以及由此产生的互益效应将越来越大，特别体现在中国道路的影响力越来越大，未来发挥引领作用对世界经济增长至关重要。世界经济的变迁证明中国道路是成

①　习近平：《全面建成小康社会　夺取新时代中国特色社会主义伟大胜利——在中国共产党第十九次全国代表大会上的报告》，《人民日报》2017年10月28日。

功的。

2016 年，以现价计算，中国 GDP 占世界比重为 14.84%（美国为 24.32%）。以 PPP 计算，2015 年，中国 GDP 占世界比重为 17.08%，超过美国（15.81%），成为世界第一。2012 年，中国的贸易总额首次超过美国，成为世界贸易规模最大的国家。2012 年年底，中国已成为 128 个国家的最大贸易伙伴，远超过美国的 76 个。而中国 2017 年全年进出口总值 27.79 万亿元人民币，同比增长 14.2%。

美国中情局 2014 年的数据显示：中国是 87 个国家和地区的主要出口市场，是其中 42 个国家和地区的最大出口市场、16 个国家和地区的第二大出口市场、美国的第三大出口市场；中国还是 164 个国家和地区的主要进口来源，并且是其中 54 个国家和地区的最大进口国、34 个国家和地区的第二大进口国。

简而言之，中国正以其独特的发展道路影响国际体系转型的轨迹和方式，越来越深入地参与到塑造国际规范和构建国际贸易、金融、安全、气候变化等领域的国际制度进程中。

中国经济发展不断迈上新台阶，得益于统筹国内国外两个大局，兼顾新兴、发达经济体两头。四十年来世界经济的变迁证明中国道路是成功的。

中国改革开放之初，世界经济刚刚经历了 1973 年、1978 年两场石油危机的冲击，美、英两国甚至整个外部世界随后都朝着保守主义方向移动。当时，以撒切尔夫人、里根为代表的私有化道路成为解决资本主义危机的大方向；日本、亚洲四小龙依靠向发达国家靠拢并获取西方市场而获得生机；苏联那时正走下坡路，而且越来越走不通。苏联解体之后，俄罗斯被迫借鉴西方发展的道路和模式。

反观中国，则走出了一条具有自身特色的经济快速发展道路，这是生成中国现代化经济体系新战略的结果。以前，非西方国家发展经济向西方靠拢比较明显；现在，西方发达国家经济明显缺乏后劲儿，新兴经济体向中国靠拢的趋势比较明显。

未来，中国作为第二大经济体，在西方与非西方国家之间，在发达国家与新兴经济体两大阵营之间，在与第一大经济体美国之间，在中、美、欧、俄势力再平衡之间，需要在不同阶段扮演不同角色，责无旁贷地发挥重要作用。

G20 杭州峰会的"创新、活力、联动、包容"四个关键词与中国"创新、协调、绿色、开放、共享"五大发展理念高度契合，符合各成员期待，是中国道路"中国引领"的一次重要实践，在全球经济治理中增加了"中国元素"。

全球经济治理需要中国道路引领，也一定会留下浓重的"中国印记"。

第二节　中国政治发展道路为世界提供自信引领

中国特色社会主义政治发展道路，是近代以来中国人民长期奋斗历史逻辑、理论逻辑、实践逻辑的必然结果，是坚持党的本质属性、践行党的根本宗旨的必然要求。世界上没有完全相同的政治制度模式，政治制度不能脱离特定社会政治条件和历史文化传统来抽象评判，不能定于一尊，不能生搬硬套外国政治制度模式。要长期坚持、不断发展我国社会主义民主政治，积极稳妥推进政治体制改革，推进社会主义民主政治制度化、规范化、法治化、程序化，保证人民依法通过各种途径和形式管理国家事务、管理经济文化事务、管理社会事务，巩固和发展生动活泼、安定团结的政治局面。^① 人民代表大会制度是中国的根本政治制度，中国共产党领导的多党合作和政治协商制度、民族区域自治制度、基层民主自治制度是中国的基本政治制度，两者都具有保证人民当家作主、凝聚各族人民力量的政治优势。

一、中国坚定中国特色社会主义道路引领世界走向"四个自信"

坚定不移走中国特色社会主义道路，必须坚持"四个自信"。坚持道路自信，始终坚信"中国特色社会主义道路是实现社会主义现代化的必由之路，是创造人民美好生活的必由之路"；坚持理论自信，始终坚信中国特色社会主义理论体系的正确性、真理性；坚持制度自信，始终坚信中国特色社会主义制度是最适应中国社会主义现代化建设需要的制度；坚持文化自信，始终坚信中国特色社会主义的先进性。

中国特色社会主义不仅有了自己的"四个自信"，还带给世界"四个自信"：政党自信、社会主义自信、全球化自信、人类自信。

政党自信。党的十九大报告明确中国特色社会主义最本质的特征是中国共产党领导，中国特色社会主义制度的最大优势就是中国共产党领导，党是最高政治领导力量，提出新时代党的建设总要求，突出政治建设在党的建设中的重要地位。报告指出，中国特色社会主义政治制度是中国共产党和中国人民的伟大创造。我们有信心、有能力把我国社会主义民主政治的优势和特点充分发挥出来，为人类政治文明进步作出充满中国智慧的贡献。

近代以来，中国走出了一条符合自身国情的发展道路，将马克思

---

① 习近平：《全面建成小康社会 夺取新时代中国特色社会主义伟大胜利——在中国共产党第十九次全国代表大会上的报告》，《人民日报》2017 年 10 月 28 日。

主义中国化；当今中国，改革开放成就了最大规模的人类工业化、信息化，并正从结构、质量上超越西方工业化、信息化的成就，这是文化自信的应有之义。进入新时代的中国特色社会主义，鼓励各国走符合自身国情的发展道路，还原了世界多样性，树立了人类政治文明的自信。

加纳前总统罗林斯曾将自己的办公地设在一座紧挨大西洋的石堡中。这座石堡在历史上被欧洲人用于运送奴隶，罗林斯选择此地是为了永不忘记"屈辱的历史"，带领国家奋发图强。然而，这样一位心怀梦想的领导人也曾有过疑虑："我们的民众似乎缺少一种理性精神，好像这种精神已经被殖民主义阉割了，所以很多事情就很难做。"

一个后发国家如何在激烈的国际竞争中改变自身命运，实现赶超？这个命题是包括中国在内的一大批发展中国家所共同面临的历史挑战。而罗林斯所言的"理性精神"正是后发国家在探索适合自身的发展道路时必不可少的。

马克思说："人们自己创造自己的历史，但是他们并不是随心所欲地创造，并不是在他们自己选定的条件下创造，而是在直接碰到的、既定的、从过去承继下来的条件下创造。"

发展中国家的探索不是在历史的真空中进行。经济全球化逐步改变了世界图景，但是整个国际秩序的主导权却还是被西方国家牢牢握在手中。尽管昔日殖民主义的老路已经走不通，但是作为现存国际体系的既得利益者，西方国家又怎会心甘情愿将优势地位拱手让人？

"普世主义是西方对付非西方社会的意识形态。"美国政治学家萨缪尔·亨廷顿的这句名言讲得很坦率。

回顾整个"二战"后的世界历史，西方国家按照自己意愿改造世界的行动贯穿始终。在这样的国际秩序中，很多发展中国家在探索自身发展道路时，首先要面对如何处理来自西方的"万能药方"的问题。几年前，一家非洲电视台的民调显示，该国民众最关心的问题，第一是就业，第二是治安，而该国议会反复讨论的"中心议题"却是只有不到2%的人所关心的"宪政改革"。百里不同风，千里不同俗。任何一个国家的道路，都应由这个国家的历史传承、文化传统、经济社会发展水平来决定，由这个国家的人民来决定。无本之木岂有长生挺茂之理。不顾国情照抄照搬别国的制度模式，到头来很可能画虎不成反类犬，不仅无法解决实际问题，而且会因水土不服而生出祸端。①

世界上任何一个国家，无论是一党制还是多党制，其政党都应该对自己有政党自信。坚持独立自主，不照搬别国的发展模式，不接受任何外国颐指气使的说教。相信自己治理下的国家会走向美好的未来。这样，各国政党才能够把人民对美好生活的向往，当作自己的奋斗目标，不迷失在政党争斗中，走出适合自己国家的道路。

社会主义自信。党的十九大报告指出，中国特色社会主义进入新时代，意味着科学社会主义在21世纪的中国焕发出强大的生机活力，在世界上高高举起了中国特色社会主义伟大旗帜。越来越多的事实表明，必须对社会主义进行深入研究和了解。只有把社会主义视为一种人类文明形态，那就是社会主义文明，才能坚定社会主义信心，坚定中华古老文明借助社会主义而复兴的美好愿景。社会主义理念如果不是与中国传统文化如"天下大同"等理想相契合，是不可能内化为中国的国家属性和受到广大中国人民拥护的。这是文化自信的应有含义。在中国，是中国共产党带领中国人民走上社会主义道路，创造社会主义奇迹，并最终实现共产主义理想。这也深刻解释了中国共产党的历史合法性、现实合理性、未来合情性。笔者故此提出，中国梦也是社会主义梦。社会主义

---

① 国纪平：《西方民主还真是个问题，中国道路的世界意义》，《人民日报》2014年9月30日。

文明是对社会主义本质——解放和发展生产力，消灭剥削，消除两极分化，最终达到共同富裕的提炼和升华。只有从文明角度理解社会主义，才能摆脱中国特色、初级阶段的纠结，与中国作为一种文明而非民族国家的身份相匹配。

社会主义文明可以从三个层面来理解，实现了对包括资本主义文明在内的人类各种文明形态的超越：从生产方式上讲，社会主义文明超越了资本主义文明"增长而不发展"的悖论。资本主义文明带来了发展和繁荣，并以自己的发展和繁荣惠及其他发展中国家，但这些发展中国家普遍遭遇增长而不发展的窘境：笃信经济增长理论，通过融入全球化实现了经济增长，但经济发展、社会发展、政治发展停滞不前，国家治理能力与治理体系始终未能实现现代化。究其原因，美国经济学家熊彼特形象地将资本主义文明描绘为"创造性毁灭"，即在解决问题过程中产生更多问题，生产的负外部性显著。而只有到了社会主义中国，才产生了人类减贫的奇迹，经济持续增长，社会全面进步。从生活方式上讲，社会主义文明超越了资本主义文明"和平而不安全"的悖论。社会主义文明观提出新安全观：共同安全、合作安全、综合安全、可持续安全，致力于建设一个持久和平、共同繁荣的和谐世界，超越了资本主义文明内外有别、和平而不安全的悖论。从思维方式上讲，社会主义文明超越了资本主义文明"开放而不包容"的悖论。一方面，资本主义文明从经济、人口、思想、文化等各方面全方位开放，不断从"异质文明"汲取营养；另一方面，资本主义文明不断制造"异质文明"的假说，通过征服、扩张乃至殖民，将自己的意志强加于人。在解决国内外问题上，非系统思维、非可持续思维制造的问题比解决的问题还多，或者根本无法解决问题。社会主义文明统筹国内、国际两个大局，以系统、全面、协调、可持续思维，倡导世界多样性及文明的多彩、平等和包容。

目前世界上除了中国以外，还有四个社会主义国家：朝鲜民主主义人民共和国、古巴共和国、越南社会主义共和国和老挝人民民主共和国。虽然他们在发展过程中正面临着不同的问题，但是我们相信，中国的政治道路能给他们带来社会主义自信。

全球化自信。党的十九大报告指出，中国特色社会主义进入新时代，意味着中国特色社会主义道路、理论、制度、文化不断发展，拓展了发展中国家走向现代化的途径，给世界上那些既希望加快发展又希望保持自身独立性的国家和民族提供了全新选择。

当前的世界格局发生了翻天覆地的变化，全球化有逆转的趋势。而就在美国总统唐纳德·特朗普所采取的一系列举措导致全球化逆转的同时，中国在世界舞台上更加活跃。可以说，中国没有辜负世界对她的期待——发展中国家承接中国产业转移的后方市场，新兴国家则承接中端市场，中国与发展中国家中的新兴大国合作具有推动国际关系向民主化、法制化方向发展的战略意义。中国的创造性转化给世界带来的震撼，增强了世界各国对全球化文明的自信。

人类自信。党的十九大报告指出，中国特色社会主义进入新时代，为解决人类问题贡献了中国智慧和中国方案。中国共产党是为中国人民谋幸福的政党，也是为人类进步事业而奋斗的政党。中国共产党始终把为人类作出新的更大的贡献作为自己的使命。中国人民愿同各国人民一道，推动人类命运共同体建设，共同创造人类的美好未来。这样的政治道路，也让世界人民看到了全人类共同进步的希望。

习近平曾说：我们要增强政治定力，增强道路自信、理论自信、制度自信。这一份"政治定力"不仅中国要有，而且全世界都要有。这样世界各国才可以借鉴人类社会创造的一切文明成果，又不数典忘祖，坚持适合自己的道路。

二、中国执政为民道路引领世界迈向和谐发展

中国因为"四个自信"发展壮大起来了，还带给世界"四个自信"。而有的国家却乱了、散了或者衰落了。是纯粹偶然因素作用，还是必然的结果？

寻找其中答案，关键要看道路问题。古今中外，由于发展道路选择错误而导致社会动荡、国家分裂、人亡政息的例子比比皆是。可以说，道路问题从来都是决定国运兴衰第一位的问题，道路选择牵系一个国家的命运。很多人认为，当今世界最应被深入研究的国家发展道路，就是中国特色社会主义道路。

有目共睹，从 2012 年中国共产党第十八次全国代表大会翻开中华民族奋斗历程崭新的一页，到 2014 年改革开局之年中国各领域呈现的新常态，再到 2017 年中国特色社会主义进入新时代，中国共产党率领 14 亿中国人民团结奋进，朝全面建成小康社会的决胜阶段稳步前进，展现出中华民族伟大复兴的光明前景。

有目共睹，中国选择了一条成功的发展道路，这是实现中国社会主义现代化的必由之路，是创造人民美好生活的必由之路。因为走上了这条道路，中国发展壮大起来。中国的跨越式发展成为国际社会热议的焦点，甚至有外国知名学者以《当中国统治世界》为题著述。有书评就此指出，书名使用"当"而非"如果"，说明作者意识到中国崛起已不是"会不会"的问题，而是必然。

为什么在风云变幻的国际形势下，中国的发展道路行得通、有生命力、有效率？显然，无论情愿与否，外界观察者都已经不可能回避中国道路的合理性、正确性、必然性。对于一个发展中大国而言，选择正确的道路，关系根本、牵动全局。因而只有聚焦"道路"，人们才能真

正把握解密中国奇迹之门的那把钥匙。

如果以西方国家近几年走过的"动荡岁月"作为参照系，中国的稳步前行就更显珍贵。

21 世纪的最初几年，美国著名新闻评论家法利德·扎卡利亚热衷于向读者宣告，美国享有自罗马帝国以来未曾见过的"全方位单极地位"优势。仅仅十年之后，他就将视线转向"后美国的世界"以及"其余国家的崛起"。促成法利德·扎卡利亚重新审视这个世界的，不只是"其余国家的崛起"，也源于西方世界自身体制机制弊端的集中暴露。

首先，人民形式上有权、实际上无权导致选举前后两重天，民主已被"格式化"。

当代西方著名理论家罗伯特·道尔认为："民主最关键的特征是政府对其公民的偏好持续的回应性。"然而，在一些西方国家，对一人一票的膜拜已经取代了对于民意的真正尊重。

在福利制度上已经高枕无忧躺了几十年的欧洲，终于有人担忧"历届政府只管点菜不管埋单"的问题。政治家受困于选票，无力推行真正有利于国家长远利益的改革。哈贝马斯被认为是当今欧洲最重要的思想家，欧债危机不断蔓延之际，这位年过八旬的哲学家挺身而出，猛烈抨击欧洲政客和官僚"毫无信念"，只是担心失去自己的权势，而欧洲的民众却变成了无力的旁观者。

英国自民党在上届大选之前信誓旦旦，许诺削减甚至免除英国高等教育学费，但与保守党组成联合政府后，却迫于财政压力而一再食言。英国民意机构调查显示，只有 18% 的英国民众相信政客所说的话，而随着政客逃税、欺诈行为的增加，59% 的民众质疑政客的道德水准。

近几年来，"占领运动"在西方世界刮起旋风，表明汹涌的民意正在寻找选举机器以外的有效表达。普林斯顿大学教授威斯特在演讲中呼吁："不可能将解决华尔街的贪婪问题转换为提出一两个具体要求。我们现在要谈的是一种民主的觉醒。"

其次，盲目追求选票，导致政治与金钱的结盟变得更加坚不可摧。

美国媒体披露，美国富豪借非营利组织捐献"黑金"操控政治，2010年到2012年选举周期中，"黑金"数额高达3.1亿美元。而2018年的中期选举，相关开支更是有可能达到10亿美元。就连民主党参议院竞选委员会主席贝内特都表示，广告数量如此庞大，加上选民不知道谁为广告埋单，可能会导致选民在选举日之前，就丧失了投票欲望。

美国斯坦福大学教授劳伦斯·莱辛格把专著《失落的共和》的副标题定为"金钱如何腐化了国会，以及一个停止它的方案"，而诺贝尔经济学奖得主斯蒂格利茨则更进一步，将林肯的名句"民有、民治、民享"改成了"1%所有、1%治理、1%享用"。美国总统奥巴马坦承："竞选需要电视媒体和广告，这就需要钱，去弄钱的过程就是一个产生腐败影响的过程，拿了钱，就要照顾供钱者的利益。"

再次，党争纷沓、相互倾轧导致整个政坛相互掣肘、内耗严重。

前一段，一款智能手机应用程序在美国走红，使用者通过扫描商品的条码就能从程序中得知该产品生产商的政治倾向。结果显示，桂格燕麦公司平均把78.5%的钱投给了共和党，星巴克公司则把80.75%的钱投给了民主党。

该款软件走红无疑反映了美国社会政治"极化"之风愈吹愈烈的苦涩现实。事实上，早在该应用程序问世前，美国民主党前参议员拉斯·范戈尔德就已经做出预测称，按照美国两极分化的速度，两党人士不久就会要求消费品反映他们的政治立场——美国将会有"共和党"牌牙膏和"民主党"牌牙膏。

在美国布鲁金斯学会高级研究员托马斯·曼看来，始自国会山政治精英的政治极化，已经蔓延到民众中，而民众的政治极化又会反作用于国会，固化两党分歧，这种从上到下向两极偏离的趋势会在美国社会内部催生彼此之间不能理解、无法交流的"部落文化"，给美国的政治体制造成巨大负面效应。

政党极化同"制衡体制"两相叠加，又进一步弱化了国家能力。从财政悬崖到政府关门，再到本届国会被评为"最低效国会"，华盛顿频频上演政治闹剧。

难怪西方政治学界近来流行"有否决权的玩家"理论。事实表明，在一个政治体系中，如果有否决权的玩家很多，就没法做决策，群龙无首、一盘散沙的情况就会随之出现。

凡此种种不难看出，"西方民主还真是个问题"，这种观感早已不仅是美国前总统国家安全事务助理布热津斯基的个人判断。难以找到解决自身弊端的勇气与智慧，西方又怎能继续在自封的神位上安坐？

古罗马哲学家塞内加曾经说过："有准备的人遇到机会，幸运就会降临。"

没有人相信"持续增长是一种主要依靠运气的随机现象"。世界银行增长与发展委员会的报告认为，"快速、持续的经济增长不是自发产生的，它需要一个国家政治领导人的长期承诺，这个承诺需要以耐心、坚持和现实主义来实现"。

未来学家约翰·奈斯比特在《中国大趋势》一书中分析了中国成功的要素，其中最重要的就是"国家的长远目标通过自上而下与自下而上的程序形成，政府制定优先政策和优先发展的重点，而人民各尽其责，在保持和谐与秩序的同时允许多样性的存在"。

据报道，德国前总理施罗德参加上海磁悬浮列车的启用仪式时，媒体问他为什么德国西门子公司生产的列车最终由中国而不是德国购买并投入使用。施罗德答道："因为德国修建这样的项目有太多争议……还有许多问题需要顾及。"意大利著名学者纳波利奥尼评论说，中国则不同，中国由政府决策，如果有需要，那么就修建。在中国，政府代表人民的利益，为人民服务。

美国学者斯蒂芬·李柏在《红色警报》一书中指出："中国领导层能够制定长远的国家发展规划，并按部就班地把计划付诸实施，这是西方国家做不到的。"

美国有线电视新闻网前驻华首席记者齐迈克曾感慨地说，中国只用了 30 年的时间就把英国和美国在工业革命时期需要 100 年才能完成的使命完成了，极大地改善了中国人民的生活，仅凭这一点就应当"给中国共产党打一个高分"。

法国学者高大伟曾这样劝诫西方世界：在中国面前，西方要学会谦虚；在中国漫长的历史中，至少有 7 个朝代的历史比整个美利坚合众国的历史都长，再加上长期精英政治文化的传统，很难想象中国会完全跟着西方模式走；中国一定是我们新世界的一个共同设计师。

美国学者傅高义从另一个角度看到："中国的确做了很多事情，做得不错。虽然中国的做法不能完全照搬，但也有值得美国学习的地方。"

相比之下，党的十九大报告中强调：健全人民当家作主制度体系，发展社会主义民主政治。中国共产党执政为民，体现在许多方面：坚持党的领导、人民当家作主、依法治国有机统一，加强人民当家作主制度的保障，发挥社会主义协商民主重要作用，等等。协商民主是中国政治制度的一大特色和优势，其核心是充分协商、发扬民主、科学决策。习近平指出："在人民内部各方面广泛商量的过程，就是发扬民主、集思广益的过程，就是统一思想、凝聚共识的过程，就是科学决策、民主决策的过程，就是实现人民当家作主的过程。"在 2017 年"两会"上，国务院根据人大代表和政协委员提出的意见和建议，对政府工作报告进行了 78 处修改，充分体现了协商民主。

习近平在十八大结束后的十八届中央政治局常委同中外记者见面讲话的重要部分就是"人民对美好生活的向往，就是我们的奋斗目标。"习近平指出，发展为了人民、发展依靠人民、发展成果由人民共享，是中国推进改革开放和社会主义现代化建设的根本目的。改革开放以来，中国有 7 亿多人口摆脱贫困，占全球减贫人口的 70% 以上，为世界减贫事业作出了重大贡献。在此期间，13 亿多中国人民的生活质量和水平大幅提升，中国用几十年时间完成了西方发达国家几百年走过的发展历程。中国的道路，是全体人民一起走的路。

从世界范围看，目前中国的政治制度模式表现最佳。原因在于，一个制度要想良好运转，不仅要做到灵活性，还要做到延续性、群众性。西方政治制度模式有灵活性，但缺乏延续性，往往随着新政府的建立而出现大幅改变；缺乏群众性，有些政党代表富人说话，有些政党把人民当作争夺权力的工具。当前，随着美国和欧洲的相对衰落，其政治制度的合法性和权威性也日渐下降。中国则走出了一条不同于西方式民主的道路，做到了灵活性与延续性兼顾。同时，中国领导层也获得了高度的合法性认可。皮尤研究中心报告显示，中国政府享有高度支持，支持率在世界各国中十分靠前。

总体而言，中国特色社会主义政治制度既根植于中国社会土壤，又借鉴古今中外制度建设的有益成果，与时俱进，促使世界各国领导人反思，我们执政，究竟是为了谁？

三、中国政治体制改革道路引领世界转变僵化体制

中国政治道路有其科学性、延续性、生动性、群众性，但我国政治体制改革相对于经济改革有些落后，我国也需要改变党的执政方式，提高管理水平；推进民主的制度化、法律化建设。党的十九大强调，要积极稳妥推进政治体制改革，推进社会主义民主政治制度化、规范化、法治化、程序化，保证人民依法通过各种途径和形式管理国家事务，管理经济文化事务，管理社会事务，巩固和发展生动活泼、安定团结的政治局面。

以监察体制改革为例。监察体制改革是以习近平同志为核心的党中央提出的一项重大的政治体制改革。基于党中央对形势的判断，习近平总书记在报告中要求国家监察委员会与中央纪委合署办公。这次深化国家监察体制改革，根本目的就是要加强党对反腐败斗争的统一领导，把党执纪与国家执法有机贯通起来，把过去分散的行政监察、预防腐败以及检察机关的反贪、反渎力量整合起来，攥成拳头。改革的本质是组织和制度创新，组织创新就是成立国家监察委员会，这是什么？习近平总书记讲，这就是中国的反腐败机构。制度创新就是制定国家监察法，这是中国的反腐败国家立法之一。

习近平总书记在报告中强调，要依法赋予监察机关职责权限和调查手段，这几个字有着深刻而丰富的内涵，加强党对反腐败工作统一领导，要实现对所有行使公权力的公职人员监察全覆盖。因此，正在制定起草的国家监察法将赋予国家监察委员会以监督、调查、处置的职责权限。

调查手段改革。2016年全国人大常委会授权在北京、山西、浙江三个地方开展监察体制改革试点，赋予了12项调查措施，都没有扩大

权力，都是实践中实际使用又比较成熟的权限。可以分两类：第一类就是现行的行政监察法中规定的监察机关的调查手段和权限，现在规定的是查询、复制、冻结、扣留、封存等手段。从全国人大去年的试点决定看，未来要把它修改完善为查询、冻结、调取、查封、扣押、勘验检查、鉴定等这样一些手段，都是现有手段。第二就是把纪委实际使用的谈话、询问等措施确定为法定权限，写入法律。这样完善调查手段，把所有的调查手段法治化。同时法学界关注一个问题，技术侦察怎么办？技术侦察仍然按照现有规定，由严格的审批程序决定以后，交有关部门实施，监委不重复、不替代。

这次有一个词，用"留置"取代"两规"。"两规"是1994年的一部党内法规《中国共产党纪律检查机关案件检查工作条例》第28条第三款所规定的。习近平总书记2013年参加十八届中央纪委二次全会时，提出要用法治思维、法治方式惩治腐败，为我们指明了方向。国家监察委员会不是司法机关，它的职责是监督、调查、处置，反腐败所涉及的重大职务犯罪也不同于一般的刑事犯罪，国家监察法因此就不能等同于刑事诉讼法，调查也就不能等同于侦查，所以不能将一般的对刑事犯罪的侦查等同于对腐败、贪污贿赂这种违法犯罪的调查。所以将要制定的国家监察法，对留置的审批程序、使用条件、措施采取的时限都会做出严格的法律规定，乃至于对调查过程的安全、医疗保障等也都会做出相应的规定，这必将进一步推动反腐败工作的法治化。

本次监察体制的改革可窥斑见豹，我国的政治体制改革有多么认真、多么细化、多么与时俱进。全世界都能以中国政治体制改革为参考，解决不够"自信"和"执政为民"的问题。

第三节 中国大国崛起道路为世界提供秩序引领

中国共产党是为中国人民谋幸福的政党，也是为人类进步事业而奋斗的政党。中国共产党始终把为人类作出新的更大的贡献作为自己的使命。

中国将高举和平、发展、合作、共赢的旗帜，恪守维护世界和平、促进共同发展的外交政策宗旨，坚定不移在和平共处五项原则基础上发展同各国的友好合作，推动建设相互尊重、公平正义、合作共赢的新型国际关系。中国的崛起，是和平崛起。

一、中国道路以睦邻互信引领周边和谐环境

国际形势乱象环生，复杂多变，国际恐怖主义活动猖獗，地区冲突连绵不断，主要大国虽基本维持合作协调总体格局，但博弈加深，相互关系中不确定因素增多，正在深刻左右国际形势走向；反映国际形势和格局深刻演变的新思潮和新事件不断涌现，英国公投决定退出欧盟，美国特朗普现象引起全球高度关注，欧洲难民危机牵动中东和欧洲各地，催生寻求全球治理新举措；世界经济萎靡不振、增长乏力，国际货币体系和金融风险增高，贸易投资受到保护主义干扰，国际和平面临"冷战"思维和零和博弈陈旧理论挑战，不稳定因素增多。国际社会应如何应对各种各样的新旧挑战，维护世界和平、促进全球经济繁荣？在洞察国际形势新变化和世界格局新潮流的基础上，中国以习近平同志阐述的先进外交理论和相应的创新实践引领世界，为建设更加美好的世界作出了不可替代的历史性贡献。

　　中国是发展中大国，周边邻国特别多，周边环境非常复杂。这种复杂的周边形势一方面为形成共同的地区认同和协调一致的利益带来了难度；另一方面，又为彼此间进行互利、互补合作提供了便利。① 伴随着我国睦邻外交政策的演进，睦邻友好条约日益成为我国应对复杂多变的国际外交形势的重要手段，而如何化解冲突、增进合作、深化战略互信，则成为缔结和推进中国式睦邻条约所面临的挑战。中国式睦邻友好合作条约的形成和发展，也是对国际外交关系和睦邻友好条约实践的丰富和发展。

　　国家的发展离不开有利的国际环境的支持，尤其是在全球化所导致的国家利益的内涵和范围日趋扩展的情况下，国际环境的优劣对于一国战略目标的实现影响巨大。在国际环境的构成要素中，别国对于本国意图的判断和敌友认知以及在此基础上形成的应对策略具有不可忽视的影响。如果一国认为另一国怀有侵略、扩张和称霸企图，或是认为该国的发展对自己构成威胁和挑战，它就会尽量减少与之交往，并采取各种方式进行防范、平衡或遏制。两国间所形成的友好合作关系也常常会因为局部的利益冲突和权力纷争而轻易动摇，合作主体也易发生异化。反之，如果一国认为另一国是其友邦或借助、依靠的对象，它就会主动与之接近，发展友好合作关系，甚至建立联盟。在全球化和后冷战时代的国际条件下，双方也会出于最大限度地维护国家利益的需要，寄希望于把两国间的摩擦冲突消解在更为紧密的区域化合作的过程之中。因此，中国在制定和推进"一带一路"战略时应充分考虑到其他国家对中国和平崛起的认知和反应，即哪些国家在国际关系领域对我国表达最大程度的善意，期待与中国发展全方位合作关系，那么，中国借助"一带一

---

　　① 苏云婷：《中国的睦邻外交政策与周边外交》，《石家庄学院学报》2008 年第 4 期。

路"与这些国家深化友好合作，更容易达到利益最大化，所遭遇的风险也就相对较小。

2013 年 9 月，习近平在哈萨克斯坦纳扎尔巴耶夫大学演讲时，提出共同建设"丝绸之路经济带"，立即得到哈萨克斯坦的支持，也得到了其他四国的积极响应。地处欧亚大陆地缘政治—经济的独特区域，面对世界大国的激烈竞争，中亚五国在走上独立之后既面临着良好的发展机遇，也面临着各种严峻挑战。由于实力相对较弱，政局尚未完全稳定，社会经济尚未摆脱贫困，加之安全环境错综复杂，中亚国家无论在经济、社会还是政治、安全等方面都缺乏足够的抵御危机的能力。因此这些国家所面临的主要任务是尽快发展经济，维护社会稳定，确保自身安全。

中国以"一带一路"建设与中亚五国建立睦邻互信关系，也是一次地缘政治的重新定位，假如中国政府的新战略能够成功，那么"一带一路"可能会与中国在世界政治中的崛起联系起来，有助于后"冷战"时代中国突破外交困境。

除了"一带一路"战略，中国已经同 8 个周边国家签署睦邻友好合作条约，正在商谈签署中国—东盟睦邻友好合作条约，并愿同所有周边国家商签睦邻友好合作条约，为双边关系发展和地区繁荣稳定提供有力保障。①

中式睦邻友好合作条约的功能首先是构建政治安全合作新平台，利用条约的法律效力确认（或建立）、维持两国之间的睦邻友好合作关系，为双方长期友好提供法律制度保障。其次是要构建管控和解决分歧的和平谈判及对话机制，有效维护本地区的和平与稳定。再次是建设相

---

① 习近平:《习近平在博鳌亚洲论坛 2015 年年会上的主旨演讲》，新华网，http://news.Xinhuanet.com/politics/2015-03/29/c _127632707. htm。

互间开展广泛合作的基础平台，通过加强与邻国的互利合作，深化区域和次区域合作，积极推进地区经济一体化，与亚洲各国实现共同发展。正是基于这种功能定位，所以中国式睦邻友好合作条约方式广泛适用于同某个相邻国家间、区域组织内相邻的多国之间，以及与相邻的区域性联盟之间。适合其他国家效仿。

采用专门的"睦邻友好合作条约"名称，不仅更能体现睦邻外交在我国外交战略中的特殊重要性，而且可以鲜明表达我国和周边国家睦邻友好的传统理念，并体现合作发展的时代主题。另外，在睦邻外交政策指引下构建新型睦邻外交关系都采用这一形式，表明了我国坚持睦邻友好政策的一贯性，和对待相邻国家不分强弱大小，也不介意相互间存在的分歧和差异，我们都有志于构建和推进睦邻友好合作关系的一贯态度，这更有利于增进周边国家的信任和共识。

中国式睦邻友好条约实际体现的是一种新型的睦邻外交关系建构。一方面，适应伙伴关系发展的新形式，提升传统的不结盟关系；另一方面，不结盟、不对抗、不针对第三国。联盟是两个或两个以上主权国家为了国家安全而缔结的相互进行军事援助的协定，具有一定安全指涉，因而具有排他性和对抗性特征。而中式睦邻友好合作条约中的安全条款，基本上属于消极的"不作为"，并有明确约定"不影响缔约双方作为其他国际条约参加国的权利和义务，也不针对任何第三国"[①]。这难得的、具有大爱的"不结盟、不对抗、不针对任何第三国"体现了中国睦邻外交的大气。

中国式睦邻友好合作条约内容方面还具有广泛性和概括性。一方面，条约内容涵盖缔约国之间的政治往来、经济流通、文化传播、军事

---

① 凌胜利：《中国为什么不结盟？》，《外交评论》2013 年第 3 期。

合作、共同打击跨国犯罪等领域，包括所有与双边合作相关及具有双边因素的事务；另一方面，条约不对相互关系的具体事务做出详细的权利义务设定，而是规定以后续协议加以补充安排。这样不仅使两国之间的睦邻友好合作关系得到国际法的确认，而且为今后的发展和推进奠定了基础并预留了空间。

中国的睦邻友好外交在蒙古、东盟的实践证明，是正确的、是真诚的。中国的外交立场已从早期的不结盟转向"睦邻外交"。无论从全球战略、地区格局、周边国家对华和平崛起的认知还是经济发展层面看，中国正在增进与邻居们的战略互信，并以最大的努力减少彼此间的隔阂和摩擦，推动双方关系朝着长期稳定和互惠互利的方向发展。

二、中国道路以命运共同引领世界合作共赢

中国在建设睦邻友好关系的同时，顺势而上，以"人类命运共同体"为旗帜，进一步发挥正能量与领导力。强调面对世界政治经济格局的深刻变化，中国将始终站在和平稳定和公道正义的一边，做"世界和平的建设者、全球发展的贡献者、国际秩序的维护者"。

"人类命运共同体"是习近平对外战略思想体系中的"顶层设计"，也是其不断完善中的"世界秩序观"。

为顺应和平和发展的世界潮流，跟上时代前进步伐，造福全世界人民，中国站在时代前进的最前沿，创新国际关系理论，提出了由世界各国携手共同构建，以合作共赢为核心的新型国际关系的新理念和全球人民同心打造和平繁荣的人类命运共同体的崇高目标。与历史上主宰国际关系走向的弱肉强食的丛林法则和穷兵黩武的霸权主义以及赢者通吃的零和博弈逻辑完全不同，合作共赢的新型国际关系和人类命运共同体的

崭新理论，着眼世界各国人民的现实和长远利益及世界发展总趋势，旨在寻求建立大小国家一律平等、不同文明相互尊重、各国人民和睦相处、共同推进绿色发展的美好世界。构建"人类命运共同体"道路兼顾现实针对性与长远方向性，净化与升华了当今国际关系思潮，具有深远影响与巨大生机。

三、中国道路以大国外交引领世界和平发展

睦邻友好和人类命运共同体，都是围绕以合作共赢为核心的新型国际关系建设的。

世界秩序即国际权力与国际责任的分配，包括世界格局、力量对比与国际机制、国际规则，当前世界秩序深刻重塑，权力与责任的重新分配、重新洗牌错综复杂，世界新秩序期待中国正能量，中国大外交需关注世界新变局。习近平同志在外交和国际关系领域提出一系列新思想新观点新倡议，发展和创新了中国特色大国外交理论，为处于十字路口的国际关系提供了来自中国的理论和实践选择，对构建新型国际关系和国际秩序具有导向意义。

西方国际关系理论为国际秩序提供的解决方案，主线大致是私、分、争、离、暴，而中国特色国际关系理论的主体精神则是公、合、让、共、和。对比中西外交和国际关系理论会发现，前者在理论上和实践中充满强权政治、分而治之、结盟对抗、武力干涉、黩武主义等，这是西方内部关系及西方与世界关系的主线和写照。西方不少学者对此也有反思，但似乎很难求解。

中国特色大国外交理论与中国自古以来天下为公、协和万邦的道义情怀一脉相承，也与中国近代以来在国际体系中的经历和地位感受不可

分割。透过习近平同志在外交和国际关系领域发表的一系列重要论述，我们可以深刻体会到中国特色大国外交理论公、合、让、共、和的特色和品质。例如，在文明观上倡导文明的包容互鉴、多元共生，在发展道路上强调各国应并育不害、并行不悖，在安全观上主张共同、综合、合作、可持续的安全理念，在国家间关系处理上坚持和平共处五项原则，在发展与不同规模国家关系上践行主权平等、国际关系民主化理念，在经济外交上反对动辄实行经济制裁，奉行义利并举、互利共赢的理念，在周边外交和对非外交中贯彻亲诚惠容和真实亲诚理念，在国际秩序建设上主张建设主权、平等、民主、法治的国际秩序，等等。

西方政治学和国际关系理论重"分"，在对外关系上擅长用各种学说将对象国和地区分裂开来。中国政治学和国际关系理论重"合"，在对外关系上将有利于对象国和地区的团结与整合摆在首要位置。比如，在对非政策上，西方擅长将非洲分而治之，而中国倾向于将非洲作为一个整体来看待。同样，以斗争为基础的西方国际关系理论，怎么也解释不了中国的和平发展道路；而喜欢以分而治之对待第三世界国家的西方外交理论，也很难理解为什么中国支持发展中地区的联合自强和互联互通。按照西方现实主义国际关系理论，中国不应支持周边地区形成类似东盟这样的政治实体，因为大国应阻止身边出现一个对自身利益不利的大国或集团，但中国恰恰支持东盟的一体化进程，并支持东盟在东南亚外交中发挥领导作用。这充分彰显了中国特色大国外交的风范、气度和自信。

结盟对抗政治的盛行，是过去国际关系和西方国际关系理论的悲剧所在。要走出大国关系的一条新路，就要摒弃结盟对抗政治的老路，以结伴而行的思路引领新型大国关系。习近平同志在 2014 年召开的中央外事工作会议上强调，要在坚持不结盟原则的前提下广交朋友，形成遍布全球的伙伴关系网络。目前，我国已与 67 个国家、5 个国际组织结成 72 对伙伴关系。结伴是"交朋友"的思维，结盟是"找敌人"的思维。按照"找敌人"的思维，国际关系很容易退回到冲突对抗的老路上。"结伴不结盟"，是中国为国际关系理论提供的一个新概念、新出路。①

大国外交只有将自己的命运、责任和利益与更多国家及其人民的命运、责任和利益结合起来，才能产生感召力和吸引力。习近平同志提出的"一带一路"战略举措，将中国与沿线地区国家经济和民生结合起来，很快获得沿线五十多个国家和地区的积极回应。"一带一路"战略的抓手是互联互通。互联互通强调合作共赢，是一个与欧洲一体化不同而更切合发展中地区地缘经济发展趋势的概念。"一体化"由于涉及主导权问题而难以为人接受，"互联互通"不在乎谁控制谁，而重在人、财、物、智流动的便利和畅通，在求同中存异，符合多样文明、多样制度、多样道路的国际关系现实。因此，互联互通会成为非洲、中东欧、中亚西亚、拉美等地区发展的关键词，也会逐步取代过去一些西方大国针对这些地区奉行的分而治之的战略。中国的经济外交已经积极参与到东南亚、非洲的互联互通进程中，这有助于后者的统一而不是一分再分。

当今世界经济全球化和信息技术等高科技迅猛发展，世界各国相互交往、相互依存和利益交融达到空前程度，整个世界已经变成一个你中有我、我中有你的紧密相连的地球村，成为一种利益共同体。在战争、灾难和各种非传统性威胁等全球性挑战面前，任何国家都不能独善其身，单打独斗。要和平、谋发展、促进合作共赢是人心所向、世界大势。新世纪的国际形势演变进一步表明，任何国家，即使是唯一的超级

---

① 苏长和：《中国外交理论引领世界潮流》，《人民日报》2015 年 3 月 20 日。

大国，想凭借其军事、经济、金融实力和军事同盟，以战争征服他国、独揽世界事务、谋取发展空间和全球资源的传统霸权行径是不得人心的，已难以为继。零和博弈逻辑干扰、阻挠各国增加政治互信、扩大合作，被时代潮流唾弃势在必行。

中国坚持走和平发展的道路，同世界各国一起，共同深化各领域国际合作，共同建设开放型世界，共同应对全球性挑战，共同维护全球治理的公平正义，从打造中非命运共同体、亚洲命运共同体到网络空间命运共同体，为建设人类命运共同体添砖加瓦，做出了不懈努力。无论在联合国、二十国集团、亚太经合组织、上合组织和金砖机制等国际组织中创新合作模式、拓展合作规模或承办多边事务，还是处理双边关系，推进"一带一路"建设，开展亚投行业务，中国都始终坚持合作共赢的理念，倡导人类命运共同体意识，在追求本国利益时兼顾他国合理关切，在谋求本国发展中促进各国共同发展；倡导以对话解争端、以协商化分歧作为现代国际治理的重要模式，把对话而不对抗，结伴而不结盟作为国与国交往的新路。中国创新外交理论、践行合作共赢新型国际关系和打造人类命运共同体的不懈努力正在全球发挥引领示范作用，有利于抵制逆全球化思潮的负面影响，弱化大国冲突对抗悲观前景的渲染和炒作，对国际形势和世界格局走向产生不可估量的深远影响、为世界和平和可持续发展注入强大正能量。

回首过去，国际形势乱变交织，"黑天鹅"现象层出不穷、叹为观止，中国面对的是国际金融市场波动加剧、地区和全球性挑战突发多发的外部环境，"中国特色大国外交"面对多事之秋迎难而上、当仁不让、卓有成效。展望中国与世界新秩序：把脉大势、引领潮流、趋利避害、行稳致远。

中国道路将社会主义文明形态和现代化时代潮流结合，为古老的文明注入了社会主义的活力，使中华民族在今天焕发青春。中国共产党的成功秘诀，就在于将社会主义运动和中华民族的再度青春化有机结合起来，将共产主义理想信念和民族主义情怀有机结合起来。[①] 中国经济发展道路为世界提供方向引领、中国政治发展道路为世界提供自信引领、中国大国崛起道路为世界提供秩序引领，其实中国道路还有文化建设引领、军队建设引领，等等。

中国信心，根深源远，坚定不移。

中国道路，承载梦想，走向辉煌。

[①] 参见中共中央党校研究团队：《中国道路能为世界贡献什么》，中国人民大学出版社 2017 年版。

后　记

世界大势，浩浩荡荡；顺之者昌，逆之者亡。历史的车轮滚滚向前，中国共产党人深知"历史只会眷顾坚定者、奋进者、搏击者，而不会等待犹豫者、懈怠者、畏难者。"①党的十九大不仅宣示了中国特色社会主义进入了新时代，同时更是谱写了社会主义运动五百年历史的新篇章与人类文明发展进步的新序曲，一幅中国价值、中国精神、中国力量、中国智慧、中国方案、中国话语、中国道路的世界图景正渐渐铺开。

一百年前，罗素在《中国问题》一书中写道："我相信，如果中国有一个稳定的政府和足够的资金，30 年之内科学的进步必大有可观，甚至超过我们，因为中国朝气蓬勃，复兴热情高涨。"②罗素的判断无疑是具有前瞻性的，他透过他走过的中国大地，观察他看到的中国人民，亲身感受到了中国内生性的崛起力量，感受到一种隐藏在中华文明当中的复兴线索。毫无疑问，罗素在一百年前的预判终究在今日之中国得到了绝佳的印证。而今日中国的发展，早已超越了文明冲突的狭隘眼光，致力于中国人民与世界各族人民的幸福生活与美好愿景。

党的十九大扎根中国国情、立足中国人民、放眼世界大势、瞭望人

---

① 习近平：《决胜全面建成小康社会　夺取新时代中国特色社会主义伟大胜利——在中国共产党第十九次全国代表大会上的报告》，人民出版社 2017 年版，第 69 页。

② ［英］罗素：《中国问题》，秦悦译，学林出版社 1996 年版，第 152 页。

类前景，为的是开创一条非零和博弈而是互利共赢的发展道路。这样一条道路，不是一蹴而就的，而是历经几代中国共产党人的接力才最终在我们面前呈现出了这样一般盛世中国的景象。复兴之路是艰难的，筚路蓝缕的创业者往往要肩负起更大的责任与使命。作为世界上最大的执政党，中国共产党自始至终都不曾忘却自己的初心，人民的幸福与民族的复兴是铭刻在每一位中国共产党人心中的价值信条。在党的十九大胜利召开之后，短短数月之内，十九届二中全会、三中全会、2018 年全国"两会"等，又释放出了力度更大、含金量更高的改革信号，这在党史国史与世界历史上都是空前的。

当前，我们正置身于一个变动的世界，各种不安定因素交织错杂，人类文明的命运与走向曾一度扑朔迷离。当西方世界如坐井观天一般沉沦于资本的秩序、权力的游戏、话语的争霸时，中国早已擎起世界历史的使命、人类发展的责任，推动世界秩序朝着更加公正、更为合理的状态迈进，着眼于构建属于全人类的命运共同体。正如中国古语所言，"达则兼善天下"（《孟子·尽心上》），这展现出的便是一种普惠天下的情愫，一种不排他、不利己的世界历史使命。正是这样一种兼善天下的使命感，正是这样一种马克思主义政党的责任感，使中国共产党从来都不曾忘记自己走过的路，以及自己未来应走道路的方向。中国综合国力的历史性增强绝不是为了独善其身，"中国威胁论"更是子虚乌有，强起来的中国更是为世界的繁荣稳定注入了源源不断的中国力量。

社会主义运动五百年间，形形色色的流派你方唱罢我登场，但都只能称得上是历史星空之下的昙花一现，未能真正带领全人类走向幸福、走向理想的生活。唯有科学社会主义流传至今，从马克思主义到习近平新时代中国特色社会主义思想，用思想的穿透力、理论的正确性、价值的吸引力，向世界人民庄重宣示了一种超乎以往的发展可能性，成为了驱动世界发展的新引擎。正是这样一种思想谱系的一脉相承又与时俱进，正是这样一种理论与实践的密切联结，让社会主义运动前景广阔，让马克思所构想的共产主义社会远景变得不再那么遥远。

这是一个最好的时代，是一个不仅属于中国人的新时代，更是一个属于世界各族人民的新时代。展望党的二十大与2050年的中国，富强、民主、文明、和谐、美丽的强国画卷正在新时代中国特色社会主义实践中绘就。展望人类共同的前途命运，崭新的方案已然生成、崭新的故事正在书写、崭新的面貌不断浮现。让我们一同拭目以待，在新时代钟声敲响之后，中国的明天与世界的未来都将呈现出一番前所未有的繁荣景象。

呈现给读者的这本专著，既是人民出版社的约稿，又是本人作为首席专家主持的国家社会科学基金重大招标项目"当代中国价值观念的国际传播策略研究"（15ZDA040) 的成果之一。这本书的写作其实历时5年多，大约是5年前，我就开始思考写一本关于中国的世界价值方面的专著，因此，在十八大召开之际，我就着手收集资料，写读书笔记，作调查研究，特别注重跟踪研究治国理政的新理念新思想新战略，整个过程一刻都不敢有丝毫怠懈。党的十九大召开后，我先后应邀到全国各地宣讲，最神奇最难忘的就是在春节期间我来到祖国边陲喀什地区宣讲十九大精神。喀什的宣讲是义务劳动，但是在这块神奇的地方，人往往会有种重生般的感觉。这里三面环山，一面敞开，北有天山南脉横卧，西有帕米尔高原耸立，南部是喀喇昆仑山，东部为"死亡之海"塔克拉玛干大沙漠。诸山和沙漠环绕的叶尔羌河、喀什噶尔河冲积平原犹如绿色的宝石镶嵌其中。这里有终年晶莹的"冰山之父"——慕士塔格冰山，有明媚秀丽的高山湖泊——卡拉库里湖。帕米尔高原早在中国汉代就以"葱岭"著称，因多野葱或山崖葱翠而得名，古代丝绸之路的南道、中道都从这里经过，而后向西通往西亚、南亚及欧洲各地。喀什的文物古迹众多，喀什噶尔古城，一座从2100年前西汉走到现在的古城，古城内的建筑大多充满了伊斯兰和维族风情，街道内纵横交错，风格统一，我漫步其中，仿佛走进了中亚的异域，感觉十分神奇。这里有世界闻名的艾提尕尔清真寺，有大型伊斯兰式古建筑香妃墓，有《福乐智慧》作者维吾尔族诗人玉素甫·哈斯·哈吉甫陵墓，还有千年佛教遗址——莫尔佛塔等。漫步在叶尔羌河畔，你能感受到优美的沙漠绿洲，这里以上万亩的天然胡杨林最为著名，有依绿洲中的湖水、树林修建了环境优美的园林湖景，风光旖旎。令我感到格外兴奋的是，喀什历史显赫，是古丝绸之路上的商埠重镇。在这里处处都能看到"一带一路"的彩旗飘飘以及人群如织的各国友人，我不禁惊叹：这应该就是传说中的"中国价值观念跨文化传播的圣地"。就是在这块人间仙境，在宣讲的行走中我完成了全部的书稿，这是一本特殊的文字记录，它浸透着异域的醇香和身临其中的甜畅。此刻，我想把这种神来之感献给进入新时代的我的国家。

值得一提的是，掘著的部分内容在我开设的案例分析课程中得到过讲授，课堂上，同学们兴趣盎然，踊跃提出问题，积极参入讨论，每一次课都是一场师生互动的"盛宴"。这里，我要特别提到的是我们的本科生同学，其中潘一坡、文梓浩、雷洲、赵政鑫、朱锐婕、陈镜如、阮芷若等同学在搜集资料、分析资料、课堂讨论、校对文稿中作出了有益的贡献。此刻，我向他们表示衷心的感谢，感谢他们无私的帮助，祝亲爱的同学们前程似锦。

本书的写作得到了有关学者的指导和帮助。借此机会，感谢北京大学顾海良先生，中国人民大学张雷声先生，人民日报社顾兆龙先生，光明日报社曹建文先生，武汉大学骆郁廷先生、汪信砚先生、单波先生，哈佛大学 Prof.Chris Dede，宾夕法尼亚大学 Kelly Prof.Al Filreis，纽约哥伦比亚大学 Prof.Magarat Crocco，联合国教科文组织 Education Speciallist Mame Omar，普林斯顿大学 Prof.Alan Krueger，康奈尔大学 Prof.Martin Prince，加利福利亚大学 Prof.Barbara Rogoff，牛津大学 Prof. Martin Ovens，喀什大学党委书记吴红展先生、校长艾尔肯·吾买尔先生，以及华南师范大学杨婷女士等。

在此，还要向人民出版社的领导和编辑为本书的策划、出版和推介所付出的辛勤劳动表示由衷的感谢。

从十九大到二十大，又一个令人期待的的五年启程了，天山作证：我一定要用学术的语言记录时代的变迁、国家的进步、政党的兴旺——中国对世界的新贡献。

项久雨
2018 年春节于喀什噶尔古城藏经阁

责任编辑：王世勇

图书在版编目（CIP）数据

中国新贡献／项久雨 著 . — 北京：人民出版社，2018.3
ISBN 978 - 7 - 01 - 019028 - 0

I. ①中… II. ①项… III. ①中国经济－经济发展－研究 IV. ① F124

中国版本图书馆 CIP 数据核字（2018）第 042717 号

中国新贡献
ZHONGGUO XINGONGXIAN

项久雨 著

人民出版社 出版发行
（100706 北京市东城区隆福寺街 99 号）

涿州市星河印刷有限公司印刷 新华书店经销

2018 年 3 月第 1 版 2018 年 3 月北京第 1 次印刷
开本：710 毫米 ×1000 毫米 1/16 印张：16
字数：200 千字 印数：0,001-10,000 册

ISBN 978 - 7 - 01 - 019028 - 0 定价：48.00 元

邮购地址 100706 北京市东城区隆福寺街 99 号
人民东方图书销售中心 电话（010）65250042 65289539